조선 지식인의 국가경영법

– 제가와 경국

조선 지식인의 국가경영법
− 제가와 경국

지은이 최연식

1판 1쇄 인쇄 2020년 8월 30일
1판 1쇄 발행 2020년 9월 10일

발행처 (주)옥당북스
발행인 신은영

등록번호 제2018-000080호
등록일자 2018년 5월 4일

주소 경기도 고양시 일산동구 무궁화로 11 한라밀라트 B동 215호
전화 (070)8224-5900 팩스 (031)8010-1066

블로그 blog.naver.com/coolsey2
포스트 post.naver.com/coolsey2
이메일 coolsey2@naver.com

값은 표지에 있습니다.
ISBN 979-11-89936-29-7 93910

이 도서의 국립중앙도서관 출판예정도서목록(CIP)은 서지정보유통지원시스템 홈페이지
(http://seoji.nl.go.kr)와 국가자료종합목록 구축시스템(http://kolis-net.nl.go.kr)에서
이용하실 수 있습니다. (CIP제어번호: CIP2020034469)

500년 조선사의 지적 얼개를 완성한
조선의 대표 지식인 24명의 삶과 도전, 열정과 성취의 기록!

제가와 경국

조선 지식인의
국가경영법

— 최연식 지음 —

옥당

조선 사대부의 숙명, 제가와 경국 사이에서

바른 정치란 어떤 것일까? 현명한 지도자가 갖추어야 할 덕목은 무엇일까? 정치가 실종된 시대에는 차라리 정치를 부정하는 《도덕경道德經》의 방식이 더 마음에 와닿기도 한다. "정치하지 않아야 비로소 온전한 정치가 된다(爲無爲 則無不治, 3장)." 노자老子는 또 지도자의 덕목을 거론하기는커녕 존재감도 부정했다. "윗자리에 있어도 백성이 버겁게 여기지 않고, 앞자리에 있어도 백성이 방해된다고 여기지 않아야 성인이다(聖人處上而民不重, 處前而民不害, 66장)."

이처럼 무위자연無爲自然을 추구한 노자는 인위人爲의 정치와 권위적인 지도자를 비판했지만, 정치의 매력은 차선次善의 미학을 추구하는 데 있다. 그래서 노자도 백성이 친근히 여기고 칭송할 수 있는 정치와 지도자를 대안으로 제시했다(太上, 不知有之; 其次, 親

而譽之, 17장).

백성에게 다가가 백성으로부터 존경받는 지도자, 그것은 유학이 추구하는 이상적인 지도자상이다. 공자는 존경받는 지도자가 갖추어야 할 윤리적 덕목으로 수기修己와 안인安人을 강조했다《論語》, 憲問 45). 수기와 안인은《대학大學》의 용어로는 수신修身과 치국治國 또는 수기修己와 치인治人이다. 수기는 남보다 지도자 자신에게 더욱 엄정한 도덕성과 신념을 요구하는 덕목이고, 치인의 전제는 지도자의 국가에 대한 무한한 책임감과 헌신이다. 막스 베버Max Weber가 제시한 이념형에 비견하면, 수기는 사적 영역에서 작동하는 신념윤리이고, 치인은 공적 영역에서 작동하는 책임윤리이다. 또 사적 영역과 공적 영역을 가家(Oikos)와 국國(Polis)으로 구분한다면, 수기의 실천은 제가齊家이고 치인의 실천은 경국經國이다.

《대학》의 논법에 따르면, 제가의 목적은 경국이고, 경국의 전제는 제가다. 양자는 동전의 양면처럼 연속되어 있다고 판단한 것이다. 그래서 유학자들은 정치윤리인 충忠을 가족윤리인 효孝의 연장이라고 믿었다. 그러나 현실에서는 효와 충의 충돌이 더 흔했고, 공사公私의 경계도 냉혹하게 구분해야 했다. 예컨대 위衛나라 미자하彌子瑕의 경우가 그랬다. 미자하는 어머니가 병들자 월형刖刑을 무릅쓰고 임금의 수레를 타고 어머니를 문병했다. 그러자 임금은 미자하의 충성심은 그런 효심의 발로라고 칭송했다. 그러나 미자하의 쓸모가 다하자 임금은 자신의 수레를 몰래 탔다는 바로 그 이유로 그를 버렸다(《韓非子》, 說難). 이것은 법가法家가 준 교훈이었지만, 효와 충의 충돌 또는 제가와 경국의 갈등은 유학자들에게도 예외는 아니었다.

제가와 경국 사이에서 중용中庸을 유지하는 것, 그것은 사대부 출신 조선 정치인의 숙명이었다. 사대부란 말 자체가 한 몸으로 학자와 정치가의 두 삶을 살아가는 사람을 뜻하기 때문이다. 실제로 대부분의 조선 정치인은 평생 손에서 책을 놓지 않는 독서인讀書人이었다. 그러나 그들은 책상물림으로 일생을 마치지 않았다. 그들은 과거를 치르고 관료로 진출해 자신의 신념을 정치에 구현했다.

조선의 정치인은 자신의 학문은 허학虛學이 아니라 실학實學이라고 자부했다. 그들의 실학은 일상의 실용성 추구에 한정되지 않았다. 그들은 당장 손해를 감수하더라도 국가의 먼 장래를 살피는 데 실학의 효용성이 있다고 믿었다. 하지만 그들이 추구하는 실학의 방식이 한결같을 수는 없었다. 조선 지식인 사회에는 학문적 경향을 달리하는 다양한 학파가 공존했고, 그들의 정책경쟁은 경연이나 상소 등의 형태로 공론장에 표출되었다. 그들은 학문적 신념을 바탕으로 경쟁했기 때문에 그들의 정치는 죽음도 불사할 정도로 치열했지만, 정쟁이 당파의 공존 자체를 부정하지는 않았다.

이 책은 자신의 학문적 신념에 따라 각기 다른 방식으로 국가에 헌신했던 조선의 대표적인 지식정치인 24명의 삶을 약전略傳 형식으로 소개한다. 물론 이 책에 수록된 24명이 조선을 대표하는 지식

정치인의 전부는 아니다. 다만, 저자의 전작《조선의 지식계보학》을 보완한다는 뜻에서 인물들을 선별한 결과 24명으로 압축되었을 뿐이다.

이 책은 5부로 구성되었다. 제1부는 조선 건국 초기 지식 국가의 설계에 각기 다른 방식으로 참여한 정몽주, 정도전, 권근, 기화 등 네 명을 다루었다. 제2부는 정치윤리가 실종된 시대에 일상윤리의 실천을 지식정치인의 신조로 삼았던 정여창, 김굉필, 조광조 그리고 이언적·이전인 부자의 삶을 다루었다. 제3부에서는 학문적 입장에 따라 서로 다른 정치가의 길을 걸었던 이황, 조식, 김인후, 성혼, 이이 등 다섯 명의 삶을 들여다보았다. 제4부는 임진왜란과 병자호란 시기에 위국헌신爲國獻身의 표상이었던, 류성룡, 조헌, 김장생, 김상헌, 최명길의 삶을 조명했다. 제5부에서는 예송 논쟁이 치열하던 시기에 임금에게 맞선 김집, 송준길, 송시열, 허목, 윤휴, 박세채 등 여섯 명의 삶과 정신을 살펴보았다.

이 책의 토대는 2015년 6월 3일부터 2017년 3월 15일까지 〈문화일보〉에 23회 연재된 '최연식의 역사이야기'이다. 2년 가까운 기간 동안 조선 지식정치인들의 문집과 실록 등 사료와 씨름하면서 항상 고민했던 문제는 중립적이고 객관적인 글을 쓰는 것이었다. 그러기 위해서는 먼저 역사에 대한 당파적 이해로부터 자유로워져야 했다. 그러나 그것만으로 문제가 해결되지는 않았다. 역사상의 인간을 다루는 글이기에 각 인물의 삶 전체를 통찰하고, 그 삶의 의미를 역사와 교차시키지 않으면, 그 글은 무미건조한 연보가 되기에 십상이었다. 게다가 개별적으로 연재되었던 글들이었기에 책으로 묶기에는 체제가 갖추어 있지 않았다. 그래서 연재되었던 글 중에 몇 편을 빼고 보탰다. 그리고 시대적 특징에 따라 책의 편성을 바꾸어 5부로 구성하고, 각 부에 서론 격의 글을 추가해 역사적 의미와 역동성을 살리려 했다.

이 책을 쓰는 동안 머릿속에 맴도는 말이 하나 있었다. '노구능해老嫗能解.' 나이 든 아낙도 너끈히 이해할 수 있는 글을 써야 한다는 뜻이다. 북송北宋 때 팽승彭乘(985~1049)이 쓴 《묵객휘서墨客揮犀》에 당나라 시인 백거이白居易(772~846)의 일화가 다음과 같이 실려 있다. 낙천樂天은 백거이의 자字다.

백낙천은 시를 지을 때 매번 늙은 아낙에게 어떻게 이해되는지 물었다. 그래서 아낙이 잘 이해된다고 하면 그대로 쓰고, 이해되지 않는다고 하면 다시 고쳐 지었다.
白樂天每作詩 令一老嫗解之 問曰解否 嫗曰解則錄之 不解則又復易之.

요즘은 인공지능AI이 대세다. 해외에서는 인공지능이 쓴 소설이 문학상에 입선했다는 소식도 들린다. 머지않아 역사 서술의 새 지평이 인공지능에 의해 열릴 것이다. 인공지능은 동서고금에 산재한 사료史料를 블록체인으로 연결하고 가상현실 방식으로 재구현할 것이다. 그러나 인공지능에게는 역사를 오늘 우리의 관점에서 파악하는 안목이 필요 없다. 반면에 인간은 오늘을 중심으로 과거와 미래를 연결한다. 인간에게 오늘은 어제의 미래이고, 내일의 과거다. 이 책이 오늘 우리의 관점에서 역사를 호흡하려는 사람들에게 작은 도움이 되기를 바란다.

전작《조선의 지식계보학》과 마찬가지로 이번 책도 신은영 대표의 격려에 힘입어 세상 빛을 보게 되었다. 그는 이번에도 나의 첫 독자가 되어 책의 문제점을 지적하고 보완해야 할 점들을 세심히 알려주었다. 거친 글을 일반 독자도 쉽게 읽을 수 있도록 깔끔하게 다듬어준 김현 편집장께도 감사드린다.

최연식

제1부

선택과 도전

지식국가의 설계자들

조선 건국은 1388년 이성계의 위화도 회군에서 시작되었다. 하지만 마상馬上의 혁명만으로는 건국의 과업을 완수할 수 없었다. 국가의 골격을 세우고 영혼을 불어넣는 일은 조선을 유교 국가로 만들려고 했던 지식인들의 몫이었다. 그들은 고려의 실패를 거울삼아 조선을 건강한 지식인의 나라로 만들려고 했다. '적폐 청산'이 조선 건국의 슬로건이었던 셈이다.

물론 고려도 처음에는 고구려의 영광을 계승한 위대한 나라가 되기를 희망했다. 태조 왕건王建이 꿈꾼 고려의 이상은 훈요십조訓要十條에 잘 정리되어 있다. 10개 조목 중 왕건이 강조한 핵심은 합리적인 세계관 확립과 안정적인 왕위 계승이었다. 그래서 그는 건전한 불교 신앙을 강조하면서도 불교계의 타락을 경계했고, 적장자를 포함해 가장 신망 있는 왕자에게 왕통王統이 이어지기를 바랐다. 그러나 고려는 세대를 이어가면서 점차 활기를 잃고 무력해져 갔다. 고려가 기울어져 가는 징표들은 왕건이 경계했던 바로 그 문제들에서 불거졌다. 불교 교단은 경제적 이익을 추구했고, 정치에도 개입했다. 정치에 개입한 불교 교단은 왕위 계승에 간여했다는 의심을 받았고, 급기야 우왕과 창왕이 신돈辛旽의 자손이라는 논란이 제기되었다.

타락한 불교 교단은 쇠락한 국혼國魂에 활력을 불어넣지 못했고, 정통성을 의심받은 불안정한 왕권은 개혁을 추진할 동력을 상실했다. 국가 개혁의 과제는 기득권으로부터 자유로운 젊은 지식인들의 몫으로 남겨졌다. 이들 대부분은 공민왕이 생전에 심혈을 기울여 육성했던 성균관 출신 지식인들이었다. 이들은 불교를 대신할 대안의 세계관으로 성리학에 주목했고, 왕권의 독주와 타락을 견제할 지식인들의 정치적 소명을 자각했다.

성리학을 받아들인 고려 말의 지식인들은 대부분 정치개혁을 희망했지만, 이들은 개혁의 속도와 방향을 둘러싸고 두 부류로 나뉘었다. 한 부류는 고려 안에서의 개혁을 선호하는 세력으로, 정치적으로나 사회적으로 기득권층과 밀접히 연루된 집단이었다. 또 다른 한 부류는 부분적 개혁의 한계를 강조하며 혁명을 추진한 세력으로, 대부분 기득권층으로부터 소외된 주변부적 인물들이었다. 전자의 대표적인 인물은 정몽주였고, 정도전은 후자의 선두 주자였다. 이들의 타협 불가능한 정치적 선택은 정면 대결을 초래했고, 대결의 결과는 혁명에 성공한 정도전의 승리로 보였다.

그러나 승패의 진정한 평결은 인간의 몫이 아니라 역사의 몫이다. 혁명의 종결이 필요했던 태종 시대의 역사는 정몽주를 충성의 상징으로 복권했고, 그는 다시 중종 시대의 역사적 필요 때문에 부당한 왕권에 저항한 조선 지식인의 표상으로 공인되었다. 조선의 관점에서는 반역자였던 정몽주를 충성의 상징으로 복권함으로써 혁명이 초래한 분열의 역사를 봉합한 사람이 바로 권근이었다. 이 점에서 조선을 유교 지식인의 국가로 만드는 데 기여한 권근의 역할을 간과할 수 없다. 또한, 조선이 유교 국가가 되는 데는 불교계의 소극적 대응도 한몫했다. 성균관 유생 출신의 승려 기화己和는 유학계의 집요한 공세에 대응해 불교계를 변호했던 유일한 인물이었다. 하지만 그의 수세적 보유론補儒論은 유교의 독주를 막는 데 역부족이었다.

1

제도의 건국,
정도전 鄭道傳

1342~1398

폭로와 진실

태조 7년(1398) 음력 8월 26일, 정도전이 이방원에 의해 살해되었다.《태조실록》5년(1396) 7월 19일 자 기록에 당시 그의 나이를 55세라고 밝혔으니, 그는 57세를 일기로 파란만장한 생을 마감한 셈이다. 그러나《삼봉집》에 실린 그의 일대기에도 출생연도는 기록되어 있지 않다. 앞의 기록에 근거해 그가 1342년에 태어났을 것으로 추정할 따름이다.

출생에 관한 논란은 정도전이 살아 있던 동안에도 끊이지 않던 문제였다. 출생의 비밀은 진실한 기록 veritable records이라는 의미의 《조선왕조실록》중에서도 '정도전 졸기卒記'와 '우홍수禹洪壽 졸기'에 가장 극적으로 폭로되어 있다. 졸기는 실록에 기록된 정치적 인물들에 대한 약전略傳이고, 우홍수는 고려 말 권세가 우현보의 아들로 조선 건국 직후 곤장을 맞아 죽었다. 다음은 두 줄기 중 출생의 내막을 더 자세하게 소개한 '우홍수 줄기'의 핵심 부분이다.

우현보의 일가붙이 중에 김전金戩이라는 사람이 있었다. 그는 일찍이 중이 되었는데, 수이樹伊라는 종의 아내와 몰래 간통해 딸 하나를 낳았다. 김전의 일가붙이들은 그 딸을 모두 수이의 딸로 여겼지만, 오직 김전은 자신의 딸이라며 은밀히 사랑하고 보호했다. 나중에 김전이 환속해 수이를 내쫓고 그의 아내를 빼앗았다. 그리고 그 딸을 우연禹延에게 시집보내며 노비와 전택田宅을 모두 물려줬다. 우연은 딸 하나를 낳았는데, 그 딸을 정운경鄭云敬에게 시집보냈다. 정운경은 벼슬이 형부상서에 이르렀으며, 아들 셋을 두었는데, 맏아들이 정도전이다. _《태조실록》, 1년 8월 23일

폭로의 핵심은 정도전의 외할머니와 어머니에게 종의 피가 섞여 있다는 것이다. 단양 우씨 집안에서는 이 내막을 훤히 알고 있어서 정도전이 벼슬길에 오를 때부터 그를 경멸했다는 내용도 덧붙여졌다. 그리고 '정도전 줄기'에는 정도전이 천한 신분을 감추려고 우현보의 세 아들을 죽였고, 어린 세자를 등에 업고 종친을 모해하려다 도리어 자신과 세 아들이 모두 죽음을 맞았다고 기록했다. 정도전의 몰락은 개인적인 복수심과 무모한 정치적 욕망에서 비롯된

결과라는 평가였다.

그러나 정도전은 아버지 정운경의 행장行狀(일대기)에서 어머니 우씨는 단양 출신 우연禹延이 아니라 영주 출신의 산원散員(정8품의 무관직) 우연禹淵의 딸이라고 밝혔다. 적어도 이 기록에 따르면 정도전의 외할아버지는 우현보 가문의 우연과는 본관도 이름도 전혀 다른 인물이었다. 그렇다면 왜 우현보 가문에서는 정도전에 대한 사실무근의 인신공격을 그토록 집요하게 퍼부었고, 태종 13년(1413)에 편찬된 《태조실록》은 왜곡된 사실을 그토록 상세하게 기록했을까? 원인은 그가 고려의 수구 세력에 맞선 조선 건국의 선봉장이었고, 조선 건국 후에는 정치의 안정성과 공공성을 높이기 위해 왕권에 정면으로 맞섰기 때문이다.

시련의 세월

물론 정도전이 처음부터 혁명 열망을 품었던 것은 아니다. 그는 공민왕이 내정 개혁의 일환으로 유학 부흥을 추진할 때 성균관에 들어가 정몽주, 이숭인李崇仁 등과 교류하기 시작했다. 당시 성균관에서는 정몽주가 중심이 되어 성리학 연구를 이끌고 있었고, 정도전은 정몽주의 명성을 듣고 직접 찾아가 가르침을 받았다. 이때부터 둘은 사제이자 친구의 정을 나누는 사이가 되었으며 1370년에는 정도전이 성균관 박사에 제수되면서 함께 성리학을 강의했다.

성균관을 중심으로 이어가던 정도전의 초기 관직 생활은 1374

년에 공민왕이 시해되면서 흔들리기 시작했다. 이때 정도전은 정몽주와 함께 공민왕 시해 사실을 명나라에 보고하자고 주장했다. 당시 권력자였던 이인임李仁任은 정도전의 주장을 일단 수용하긴 했지만, 그가 선택한 외교정책 기조는 친명親明 정책을 버리고 친원親元 정책으로 회귀하는 것이었다. 그리고 마침내 1375년 북원北元이 사신을 파견해 명나라 협공을 제안하자, 이인임은 정도전에게 북원 사신을 영접하라는 명령을 내렸다. 그러자 정도전은 사신들의 목을 베거나 명나라로 압송하겠다며 이인임과 논전을 벌였고, 이인임의 노여움을 산 끝에 전라도 나주 회진현會津縣에 유배되었다.

정도전이 유배되어 2년간 살았던 곳은 회진에서도 부곡部曲 마을인 거평居平 땅이었다. 이곳에서 그는 천민들과 부대껴 살면서 성리학에 기대어 그렸던 개혁의 꿈은 잠시 접었다. 하지만 이 기간은 그에게 자신을 돌아볼 소중한 성찰의 기회였다. 그는 이곳의 농부, 야인들과 대화를 나누며, 능력과 시기를 헤아리지 못한 채 설익은 이상을 함부로 드러냈다는 것을 통절히 깨달았다. 정치적 시련을 겪으며 지식인의 꿈을 현실에 맞춰가는 법을 배운 셈이다.

회진현에서 2년간 유배 생활을 보낸 정도전은 1377년 7월 고향으로 거처를 옮겼고, 4년 뒤에는 삼각산 밑에 삼봉재三峯齋라는 재실을 짓고 학생들을 가르치기 시작했다. 그러나 그곳 출신 재상이 재실을 헐어버려 학생들을 거느리고 부평부富平府 남촌南村으로 이사했다. 그런데 그곳에서도 왕 모王某라는 자가 별장을 짓는다고 재

정도전 나주 유배지

정도전이 유배되어 2년간 살았던 곳은 회진에서도 부곡 마을인 거평 땅이었다. 이곳에서 그는 천민들과 부대껴 살면서 성리학에 기대어 그렸던 개혁의 꿈은 잠시 접었다.

실을 헐어버려 그는 다시 김포金浦로 이사해야 했다. 유배를 떠난 1375년부터 함주의 군영으로 이성계를 찾아간 1383년까지 8년간 정도전은 유배와 유랑을 전전하며 변덕스러운 세상의 인심을 익혀 갔다.

혁명의 동반자를 찾아서

1383년 가을, 정도전은 이성계를 찾아 함주로 갔다. 함주 군영에 도착한 정도전은 이성계의 군대를 칭송했다. 그러고는 군영 앞 노 송 껍질을 벗겨내 시 한 수를 적었다.

아득한 세월 견딘 한 그루 소나무
蒼茫歲月 一株松

첩첩 깊은 청산에서 잘도 자랐구나
生長靑山幾萬重

좋은 시절 훗날에 다시 볼 수 있으려나
好在他年相見否

인생살이 돌아보면 묵은 자취인 것을!
人間俯仰便陳蹤

_《三峯集》, 卷2, 題咸營松樹

이성계의 호가 송헌松軒이었기에 소나무는 이성계를 가리킨다.

시의 전반부는 모진 풍파를 견디며 변방을 지킨 이성계와 잘 훈련된 그의 군대를 칭송한 것이다. 그러나 시의 후반부는 훗날의 혁명을 기약했다고 보기에는 시인의 심정이 애잔하다. 훗날의 만남을 고대하지만, 인간의 기약이란 결국 해묵은 흔적처럼 아득히 잊히리란 걸 시인도 잘 알고 있었다.

정도전은 1384년 여름 다시 함주로 이성계를 찾아갔다. 그리고 그해 7월 전교부령에 복직되었고, 1385년 성균관으로 돌아왔다. 그러나 곧바로 외직을 자원해 남양부사로 떠났다가 3년 만에 중앙 정계로 복귀했다. 1388년 위화도 회군으로 정권을 장악한 이성계가 그를 성균관 대사성으로 추천했기 때문이다. 꿈을 찾아 나선 지 5년 만에 이성계의 동반자가 되어 새로운 문명의 청사진을 그릴 수 있게 된 것이다.

위화도 회군이 조선 건국의 제1보였다면, 마상馬上의 건국을 제도의 건국으로 이끈 주역은 정도전이었다. 그는 위화도 회군 직후 혁명 세력의 경제적 기반 확보를 위해 토지개혁을 주도했고, 혁명 성공 후에는 새 국가의 설계도를 마련하는 데 탁월한 능력을 발휘했다. 그의 약점을 집요하게 파고든 '정도전 졸기'도 이 점에 대해서만은 "개국에 도움이 될 만한 모의에 그가 참여하지 않은 것이 없다"라고 기록할 정도로 후한 평가를 했다.

1392년 7월 17일 왕위에 오른 이성계는 사흘 뒤에 정도전에게 도평의사사의 기무를 맡기고 동시에 인사를 관장하는 상서사 업무

경기전의 이성계 초상

위화도 회군으로 정권을 장악한 이성계는 정도전을 성균관 대사성으로 추천했다. 이
로써 정도전은 혁명의 동반자가 되어 새로운 문명의 청사진을 그릴 수 있게 되었다.

도 관장할 것을 명했다. 그리고 7월 28일 17개조의 국정 개혁 방침을 담은 즉위 교서를 반포했다. 교서는 정도전이 작성한 것이다. 정도전은 신생국 조선을 문무를 겸비한 건강한 나라로 만들기 위해 국초부터 동분서주했다. 1392년 10월에는 명나라에 가서 조선 건국의 전말을 보고하고 이듬해 3월 귀국했다.

경복과 근정의 나라

정도전은 1393년 7월에 '납씨곡納氏曲'을 포함한 여섯 편의 악장을 지었다. 악장의 내용은 이성계가 무덕武德과 문덕文德을 겸비했으므로 왕위에 오를 자격이 충분하다는 것이다. 그러나 정도전이 제시한 제도적 청사진의 본령은 1394년 5월에 편찬한 조선 최초의 헌법 《조선경국전朝鮮經國典》이다. 이 책은 《주례周禮》의 육전六典 체제에 따라 편찬되었지만, 정도전은 《주례》에 없는 '정보위正寶位', '국호國號', '정국본定國本', '세계世系', '교서敎書' 등 다섯 개의 정치적 총론 조항을 덧붙였다. 이 조항들은 왕실과 국왕의 위상과 권위에 관한 내용이지만, 정도전의 숨은 의도는 국왕의 권한과 책임을 법령으로 규정하는 데 있었다. 헌법에 의한 권력 제한이 입헌주의의 핵심이라면, 《조선경국전》에는 이미 입헌주의적 가치가 반영되어 있는 셈이다.

《조선경국전》의 종묘宗廟, 사직社稷, 문묘文廟에 관한 조항에는 정치 권력의 상징적 공간 배치에 관한 기본 구상도 제시되어 있다.

정도전은《조선경국전》'공전工典'편에서 수도를 설계하는 데 있어 가장 시급한 과제는 궁궐이 아니라 종묘와 사직의 건설이라고 밝혔다. 종묘는 왕실의 역사적 정통성을 결정하는 공간이고, 사직은 민심을 얻는 상징적 공간이기 때문이다. 그는 문묘 설치도 강조했는데, 이는 조선이 이씨 왕실만의 나라가 아니라 지식인의 나라이기도 하다는 점을 밝힌 것이었다.

1395년 9월 종묘와 궁궐이 준공되자 정도전은 태조의 명을 받아 새 궁궐 이름을 경복궁景福宮이라 정하고, 근정전勤政殿과 사정전思政殿을 비롯한 궁궐 내 여러 전각의 이름을 지었다. '경복景福'이란 말에는 태평한 왕업을 영원히 이어가라는 염원을 담았고, '근정勤政'이란 말에는 안일과 욕망을 경계하라는 충고를 담았다. 왕실과 군주의 권위를 높이면서도 왕권의 일탈을 막으려는 소신을 궁궐과 전각의 이름에 새기고자 했던 것이다. 경복궁이 완공된 다음 해 4월에는 한성부 설계에도 참여했다.

승자의 기록

일신의 영달이 목적이었다면 개혁은 그쯤에서 멈춰야 했다. 그러나 그는 1397년 6월 판의흥삼군부사를 맡아 대규모 군사 훈련을 시행했다. 표면적인 목적은 요동 정벌이었지만, 반대 세력은 정도전이 병권을 장악해 왕자들의 사병을 혁파하려 한다고 의심했다. 결국, 병권은 조준에게 넘어가고 정도전은 동북면東北面으로 정

정도전 사당
경기도 평택시 진위면 은산리에 있다. 정도전은 조선이 경복을 누리는
나라가 되기 위해서는 임금이 근정을 실천해야 한다고 믿었다.

치적 외유를 떠나야 했다. 그리고 다음 해 8월 이방원의 사병들에
의해 살해당했다.

그는 조선이 경복을 누리는 나라가 되기 위해서는 임금이 근정
을 실천해야 한다고 믿었다. 나아가 그는 1397년 집필한《경제문
감별집經濟文鑑別集》에 '군도君道'편을 포함시켜 바람직한 제왕의
길을 제시했다. 그러나 그것은 조선 최초의 성문법전인《경국대
전經國大典》에도 언급할 수 없었던 금기 사항이었고, 건드려서는 안
될 제왕의 성역聖域이었다. 그래서 실록은 정도전의 최후를 제왕의
권위를 가벼이 여기다가 위협이 닥치자 목숨을 구걸했던 비열한
인간으로 그렸다. 태종 때 편찬된《태조실록》은 진실의 기록이 아
니라 승자의 기록이었기 때문이다.

2

정신의 건국,
정몽주 鄭夢周

1337~1392

칼끝에 산화된 정의

정몽주는 어깨 위에 북두칠성 모양의 일곱 개 점을 갖고 태어났다. 난초 화분을 안고 있다 떨어뜨린 어머니의 태몽 때문에 첫 이름은 몽란夢蘭이었고, 9세 때는 어머니가 배나무에 오르는 흑룡黑龍 꿈을 꾸고서 몽룡夢龍으로 고쳤다. 몽주夢周는 성년이 된 뒤 아버지가 주공周公을 만나는 꿈을 꾸고서 바꾼 이름이다. 정몽주는 부모의 꿈을 실현할 기대를 한몸에 받고 태어났지만, 그는 전형적인 자수성가형 인간이었다. 그의 먼 선조 정습명鄭襲明은 고려 인종과 의종 때 간관으로 활약했다고 알려졌지만, 정작 그의 조부 정인수鄭仁壽와 부친 정운관鄭云瓘의 행적은 알려진 게 거의 없다. 정몽주가 입신양명하기 위해 믿을 수 있던 것은 오로지 자신의 능력밖에 없었다. 결국, 그는 공민왕 9년(1360)에 치러진 과거에서 연달아 세 번 수석을 차지하면서 세상에 이름을 알리기 시작했다.

그런데 이 과거에서 지공거知貢擧를 맡아 정몽주를 선발했던 사람은 정당문학 김득배金得培였다. 그는 문과에 급제한 문신이었지만, 장수로도 활약했다. 1361년 홍건적이 침입해 개경까지 함락되자, 그는 도병마사에 임명되어 홍건적 토벌에 나섰다. 1362년에는 개경을 수복하는 전공까지 세웠지만, 곧바로 정치적 음모에 휘말려 살해되고 말았다. 이제 갓 공명功名의 길에 접어든 26세의 청년 정몽주로서는 스승의 죽음 앞에서 정의란 무엇인지 하늘에 묻지 않을 수 없었다. "어찌하여 말이 흘린 땀이 아직 마르지 않았고, 개선의 노래가 아직 그치지 않았는데, 태산 같은 공로를 칼끝의 피로 산화시켰습니까?" 정몽주가 김득배의 시신을 수습한 후 그를 위해 바친 제문祭文에 기록한 절규였다.

공명의 길

그러나 정의가 실현되기를 잠자코 기다리기에는 정몽주는 너무 젊었다. 결국, 그는 스스로 정의를 실현하는 길을 선택했다. 그는 공민왕 12년(1363)에 여진족 정벌에 나서며, 스승의 길을 똑같이 밟아갔다. 마침 여진족 토벌에 나섰던 이성계를 처음 만난 것도 이때였다. 동시에 그는 학자로서의 명망도 꾸준히 쌓아갔다. 그 결과 31세 때인 공민왕 16년(1367)에는 성균관 박사를 맡아 성리학 강

정몽주 초상
정몽주는 조선을 위해서는 단 하루도 살지 않았던 고려인이었지만, 문묘 종사를 통해 조선 정신을 대표하는 인물로 부활했다. 국립중앙박물관 소장.

의를 참고 서적도 없이 일사천리로 진행해 이색_{李穡}으로부터 당대 최고의 성리학자라는 찬사를 들었다.

정몽주는 뛰어난 외교관이기도 했다. 그의 첫 외교 임무는 공민왕 21년(1372)에 명나라의 서촉_{西蜀} 지역 평정을 축하하기 위해 다녀온 남경 사행_{使行}이었다. 그는 사행 후 귀국길 바다 한가운데서 태풍을 만나 바위섬에 표착하는 위기를 맞기도 했다. 이때 그는 말다래를 베어 먹으며 13일이나 버티다 명나라 태조가 보내준 배를 타고 귀국해 가까스로 살아남았다. 일행 중 8할이 사망한 참변도 그의 삶의 의지를 꺾진 못했다. 정몽주의 친명_{親明} 노선은 공민왕 피살(1375) 이후에도 일관되었다. 반면에 이인임 등 정권 실세들은 친원_{親元} 노선으로 회귀하려 했다. 이를 위해 이들은 국왕 피살 사건 당시 고려에 체류 중이던 명나라 사신 채빈_{蔡斌}을 살해하고 북원 사신을 영접하려고 했다. 이에 정몽주는 고려의 대명 관계 악화를 우려해 명나라에 사신을 파견해 사태의 진상을 해명할 것을 촉구했다. 이 일로 정몽주는 친원파 실세들의 탄핵을 받고 언양_{彦陽}에 유배되었다. 하지만 그는 2년 뒤 우왕 3년(1377)에 하카타_{博多}에 파견되어 왜구 문제로 불거진 외교 마찰을 원만히 해결하고 억류되었던 포로들과 함께 귀국했다.

짧은 밀월

공민왕 사후 우왕과 창왕이 재위하는 동안 정몽주는 이성계를 적극적으로 도우며 각별한 관계를 유지했다. 그는 44세 때인 우왕 6년(1380)에 이성계의 조전원수가 되어 전라도 운봉雲峰에 출몰한 왜구를 물리치는 데 참여했고, 우왕 9년(1383)에는 이성계의 동북 지방 원정에도 조전원수로 참여했다. 이런 인연으로 정몽주는 이성계의 활 솜씨를 칭찬하는 시를 짓기도 했고, 이성계의 초상화에 대한 찬사를 통해 이성계의 정치적 경륜과 탁월한 군사 전략을 칭송했다. 정도전이 자신의 꿈을 실현하기 위해 함주咸州 군영으로 이성계를 찾아갔듯이, 정몽주도 이성계를 도우며 고려의 개혁을 위한 청사진을 그려갔다.

정몽주의 정치적 성장은 이성계의 출정을 돕고 외교 현안을 해결하는 과정에서 급속히 이루어졌다. 그리고 마침내 위화도 회군 이후 이성계와 함께 창왕을 폐위하고 신종神宗 왕탁王晫의 7대손인 왕요王瑤를 공양왕으로 옹립하는 흥국사 모의에 가담했다. 조선이 건국되기 3년 전인 1389년 11월의 일이었다. 정몽주가 이성계 진영에 가담해 '신돈辛旽의 혈통을 이은 가짜를 폐하고 진짜 왕씨를 세운다'는 폐가입진廢假立眞 논의에 동참한 것은 그것이 왕씨의 나라 고려를 지키는 길이라고 믿었기 때문이다.

그러나 정몽주와 이성계의 밀월 관계는 오래가지 않았다. 분열은 공양왕 2년(1390) 5월에 발생한 윤이尹彝·이초李初 사건에서 시작되었다. 사건의 명칭에서 알 수 있듯이, 표면적인 주모자는 이성계의 명나라 침공 계획을 황제에게 보고한 윤이와 이초였다. 물론

이들의 보고는 날조된 것이었다. 사건이 발각되자 이성계 세력은 이색과 우현보禹玄寶 등을 배후로 지목하고 강력한 처벌을 요구했다. 반면에 정몽주는 관련자들의 죄상이 분명치 않다는 이유로 대사면을 요구했다. 공양왕은 우현보의 손자 우성범禹成範을 부마로 맞았기 때문에 우현보의 처벌에 미온적이었고, 정몽주는 공양왕의 지지를 배경으로 구세력의 영수였던 이색을 변호했다.

이성계와 함께 공양왕 옹립 모의에 참여해 우왕과 창왕의 정통성을 부정했음에도 불구하고, 정몽주는 이성계 세력의 성장을 견제하기 위해 구세력을 옹호했던 것이다. 결국, 공양왕은 증거 불충분을 이유로 이색과 우현보 등을 석방했고, 정몽주는 사건 해결의 공로를 인정받아 공양왕 3년(1391) 12월에 이성계와 함께 안사공신安社功臣에 책봉되었다. 공양왕이 이성계를 안사공신에 포함한 것은 이성계 세력의 불만을 무마하기 위한 것이었다.

정몽주에게 고려를 지킬 수 있는 마지막 기회는 공양왕 4년(1392) 3월에 찾아왔다. 이때 이성계가 해주海州에서 사냥하다 낙마하자, 정몽주는 선수를 치기 위해 우선 조준趙浚, 정도전, 남은南闇을 귀양 보냈다. 그러고는 이성계를 문병하며 동태를 살피고, 돌아가는 길에 자주 다니던 술도가에 들렀다. 그는 술도가를 나서며 "오늘은 풍색風色이 고약해도 너무 고약해"라고 중얼거렸다. 자신의 불길한 운명을 직감한 것이다. 기록에 남은 그의 최후 발언이었다. 그리고 곧바로 이방원이 보낸 자객 조영규趙英珪 등에 의해 살해당했고, 그의 목은 개경 거리에 효수되었다. 4월 4일의 일이었다. 어깨 위에 북두칠성 모양의 일곱 개 검은 점을 갖고 태어난 한 인간이 세상과 작별하는 순간이었다. 아무도 거들떠보지 않던 반역자의 시신은 우현보가 천마산天摩山의 승려를 시켜 수습했다. 정몽주가 한때 우현보의 아버지 우길생禹吉生에게 수학한 인연도 작용했을 것이다.

충성과 반역의 역설

사실 조선 건국 초기에는 정몽주의 죽음에 대한 개인적인 동정심조차 용납되지 않았다. 태조 즉위 직후 민여익閔汝翼은 정몽주를 동정하며 "죽어서는 안 될 사람인데 죽었다"라고 말했다는 이유만으로 공신 책봉 반대 논의에 휘말렸다. 반면에 류만수柳曼殊, 최영지崔永沚 등은 정몽주를 논죄한 상소를 올렸다는 이유로 원종공신에 책봉되었다. 그 후에도 정몽주의 정치적 행보와 충성심에 대한 논란은 그치지 않았다. 조식曺植(1501~1572)은 신돈이 국정을 어지럽히고 최영이 중국을 침범하던 때에 정몽주가 벼슬을 버리지 않았던 것을 비판했으며, 정구鄭逑(1543~1620) 역시 정몽주의 죽음이 가소롭다고 비난했다.

중종 12년(1517) 9월 17일, 조선 지식인 사회의 정몽주 평가에 혁명적인 변화가 나타났다. 정몽주가 조선의 문묘에 종사될 첫 번째 지식인으로 선정된 것이다. 고려에 대한 충성을 지키기 위해 조선 건국을 반대했고, 그 이유로 이방원이 보낸 자객에게 살해당했던 정몽주가 조선의 대표적 지식인 제1호로 국가에 의해 공인된 것이다. 어떻게 이런 일이 생길 수 있었을까?

정몽주의 죽음이 갖는 상징성을 간파하고, 충성과 반역의 역설을 정치적으로 활용하자고 제안한 최초의 인물은 권근이었다. 그는 두 차례의 왕위쟁탈전을 거쳐 보위에 오른 지 겨우 두 달이 지난 태종에게 정몽주의 복권을 건의했다. 권근의 논리는 정몽주의 충성심을 선양하는 것이 태종의 치세에 도움이 된다는 것이었다. 권근은 태종에게 정몽주의 복권을 제안하며, 그는 "자신이 섬기던 곳에만 마음을 기울이고 지조를 바꾸지 않아 목숨을 잃고 말았다"라고 평가했다. 권근의 주장은 정몽주가 고려에 대한 충성을 지키기 위해 목숨을 버린 큰 절개를 선양해 그 정신을 태종 시대의 정신적 가치로 확립해야 한다는 것이었다. 태종도 재위 1년(1401) 11월 7일 권근의 건의를 받아들여 정몽주를 영의정부사로 추증했다. 정몽주의 정치적 복권에 대한 최종 결정은 역설적이게도 그를 사지로 내몬 장본인인 이방원이 내렸다.

조선 지식계보의 탄생

정몽주의 절의 정신을 치세의 요건으로 인정한 태종의 결단은 매우 중요한 정치적 선례가 되었다. 세종은 태종의 뜻을 이어 정몽주를 《충신도忠臣圖》에 포함했고, 문종은 정몽주의 후손들에게 관직을 내렸다. 그리고 마침내 중종 12년(1517)에는 문묘에 종사된 조선 최초의 인물이 되었다. 그는 조선을 위해서는 단 하루도 살지 않았던 고려인이었지만, 문묘 종사를 통해 조선 정신을 대표하는 인물로 부활했다. 문묘 종사를 통해 그의 충성심은 정치윤리의 모범으로 공인되었고, 그의 학문은 조선 지식계보의 출발점으로 확정되었다.

그러나 정몽주의 문묘 종사 과정은 그리 순탄치 않았다. 문묘 종사 논의를 주도했던 조광조가 원래 염두에 두었던 대상자는 정몽주가 아니라 자신의 스승이자 연산군 폭정의 희생자였던 김굉필이었기 때문이다. 조광조는 김굉필을 문묘에 종사함으로써 지식인의 저항정신을 반정反正의 시대정신으로 각인할 수 있다고 믿었다. 그러나 그의 시도는 좌절되었다. 당파를 형성하려 한다는 의심을 샀기 때문이다. 그러자 그는 대안으로 정몽주를 선택했다. 정몽주는 저항정신의 기원으로도 손색이 없었고, 태종 때 이미 복권되어 정치적 문제도 해결되어 있었다. 정몽주가 조선의 대표적인 지식인으로 선택되자, 정몽주를 필두로 길재吉再, 김숙자金叔滋, 김종직金宗直을 거쳐 김굉필과 조광조로 이어지는 학통學統도 자연스럽게 연결될 수 있었다. 지식계보의 확립을 위한 정치투쟁의 서막은 이렇게 열리기 시작했다. 도학 계보의 성립은 성현의 탄생에서 기원한 것이 아니라 치열한 권력 투쟁의 산물이었다.

정몽주가 저항정신의 상징적 기원이 되는 데는 그의 신화 같은 순교殉教도 한몫했다. 정몽주의 비극적 최후를 '단심가丹心歌'와 함께 처음 소개한 책은 심광세沈光世가 광해군 9년(1617)에 편찬한 《해동악부海東樂府》였다. 심광세는 아이들에게 역사의 교훈을 시가의 형태로 가르치려고 《해동악부》를 편찬했고, 정몽주의 최후와 관련된 일화를 '풍색악風色惡'이란 제목으로 소개했다. 그 후 숙종 45년(1719)에 정몽주의 후손 정찬휘鄭纘輝가 《포은집圃隱集》에 빠진 기록들을 모아 《포은집속록圃隱集續錄》을 편찬하면서 《해동악부》의 '풍색악' 부분을 처음 옮겨 실었다. 세종 21년(1439)부터 숙종 3년(1677)까지 여덟 차례나 간행된 《포은집》에 한 번도 실리지 않았던 '단심가'가 정몽주 사후 327년 만에 문집에 수록된 것이다. 몇몇 연구자들이 지적했듯이, '단심가'는 정몽주의 의로운 죽음을 극적으로 미화하기 위해 17세기 초반에 위작되었을 가능성도 농후하다.

3

분열의 역사에서
통합의 역사로,
권근權近

1352~1409

실절의 상징

"흰 머리 양촌陽村도 의리를 말하니, 어느 시절인들 어진 이가 나오지 않겠는가!" 운곡耘谷 원천석元天錫이 양촌 권근을 기롱하며 한 말이다. 원천석은 한때 이방원을 가르쳤던 인연으로 여러 차례 태종의 부름을 받았지만, 끝내 거절하고 고려에 대한 절개를 지켰다. 그는 고려를 향한 자신의 변치 않는 충절을 이렇게 읊었다.

눈 마자 휘여진 대를 뉘라셔 굽다턴고

구블 절節이면 눈 속에 프를소냐

아마도 세한고절歲寒孤節은 너뿐인가 하노라.

_《靑丘永言》

권근의 실절失節을 비난한 것은 원천석만이 아니었다. 조선 중기의 문인 신흠申欽도 권근의 명성은 자손 대대로 고관을 배출한 가문의 번성 덕이라고 꼬집었다. 그렇다면 조선 최초의 문형文衡으로 당대 관학계官學界를 이끌었던 권근에게 이런 부정적 평가가 따라다녔던 이유는 무엇일까?

기득권의 포로

권근의 명성이 자손들의 성공으로 유지된 것도 사실이지만, 그는 출신부터 남달랐다. 권근은 당대의 명망가 안동 권씨 자손으로, 그의 증조부 권보權溥는 고려 조정에 《사서집주四書集註》 간행을 건의해 주자학 보급에 기여했던 인물이다. 권보의 사위 이제현李齊賢은 고려 구신舊臣 세력의 영수 이색李穡을 가르쳤으며, 이색은 18세의 권근을 문과 급제자로 선발했던 좌주座主(과거의 시험관)였다. 천한 피가 섞였다는 꼬리표를 평생 달고 다녔던 정도전과 달리, 권근은 명문가의 후예였으며 좌주-문생門生 관계로 결속된 든든한 정치적 배후를 갖고 있었다.

그래서 권근의 행보는 가문과 학연으로부터 자유롭지 못했고, 위화도 회군 이후에는 역사의 흐름을 번번이 역류하며 정치적 시련을 자초했다. 그의 대세를 거스른 정치적 오판은 1389년 6월 명나라 사행을 계기로 시작되었다. 당시 명나라 예부禮部는 고려 사신 일행 편에 외교 문서를 보내 신돈의 자손으로 알려진 우왕과 창왕의 잇따른 왕위 계승을 힐난했고, 권근은 이 문서를 귀국길에 개인적으로 뜯어봤다. 그리고 그해 9월 귀국 후에 이 문서를 창왕의 외조부인 이임李琳에게 먼저 보이고 나서 도당都堂에 보고했다. 창왕 보호 대책을 신속히 강구하려는 의도에서 취한 비상조치였지만, 그것은 정상적 보고 절차를 위반한 명백한 월권행위였다. 게다가 그해 11월 혁신 세력에 의해 공양왕이 옹립되었기 때문에 그들의 계획은 실패로 끝났다.

권근의 또 다른 판단 착오는 같은 해 10월에도 있었다. 이때 그는 창왕 옹립에 앞장섰던 이숭인이 대간의 탄핵을 받자 그를 변호하는 장문의 상소를 올렸다. 《고려사절요高麗史節要》는 이 정황에 대해 "이숭인이 재주는 있지만 행실에 실수가 잦았고, 권근이 구원한 말도 공평하다고는 할 수 없다"고 평가했다. 사료를 정리한 조선 건국 세력의 관점에서 고려 구세력의 사적인 결탁을 꼬집은 것이다. 결국, 권근은 이숭인과 편당했다는 죄목으로 황해도 우봉牛峯에 유배되었다가 12월부터 경상도의 영해, 흥해, 김해 등의 유배지를 전전했다. 유배 중이던 1390년 5월에는 이성계의 명나라 침공 계획을 황제에게 허위 보고한 윤이·이초 사건에 연루되어 청주淸州 옥에 갇혔다가 7월에 전라도 익주에 유배되었다. 1391년 3월에야 비로소 종편從便(귀양에서 풀려나 서울 밖에서 사는 것)이 허락되어 충주 양촌에 은거하며 조선 개국을 맞았다.

기득권에 익숙했던 권근은 역사의 전환에 민감하게 반응하지 못

권근 삼대묘와 신도비
권근과 아들 권제, 손자 권람의 3대묘이다. 충북 음성군 생극면 방축리에 있다.
(사진출처 문화재청 홈페이지)

했다. 그래서 그는 공양왕이 일사천리로 옹립되었다는 소식을 유배지 우봉에서 듣고서는 그로 인한 좌절과 통분으로 반년간이나 말을 잊고 지냈다. 그가 고독한 유배 생활을 견뎌낼 수 있는 유일한 안식처는 학문뿐이었다.

익주에서 집필한《입학도설入學圖說》은 권근 자신의 표현대로 성리학 입문서이다. 그는 이 책에서 40개의 그림을 그리고 그림마다 해설을 붙여 사서四書와 오경五經에 대한 초학자들의 이해를 도왔다. 충주 양촌에서 집필한《오경천견록五經淺見錄》은 얕은 견해라는 뜻에서 '천견淺見'이란 제목이 붙어 있지만, 오경에 대한 조선 최초의 해설서로 권근의 학문이 사서 연구에 편중되어 있지 않다는 증거다.

회절과 출사

그러나 권근은 전형적인 사대부士大夫였다. 독서인[士]이면서 동시에 정치인[大夫]이 되기를 열망하는 사대부들은 학문에만 안주할 수 없는 태생적인 정치가들이다. 모진 유배 생활을 견딘 권근도 내심 새 정치에 참여할 수 있기를 기대했다. 아버지의 권유에 못 이겨 마지못해 출사를 결심했다는 일화도 있지만, 1393년 2월 권근은 계룡산 행재소行在所에 행차한 태조의 부름에 곧장 달려갔다. 그러고는 환조桓祖로 추대된 태조의 아버지 이자춘李子春의 신도비명神道碑銘을 지어 이성계 가문의 위대한 내력을 칭송했고, 조선 건국을 찬송하는 풍요風謠(지방 풍속을 읊은 노래)도 지었다. 고려를 무너뜨린 새 왕조 조선에 대한 일종의 충성 서약이었던 셈이다.

태조의 부름에 응해 뒤늦게나마 조선 조정에 참여했지만, 권근은 개국 초기 몇 년을 침묵의 세월로 보냈다. 정세 판단과 정국 운영에서 입장 차이를 보인 혁신 세력의 견제 때문이었다. 보수적인 권근이 안정적인 정국 운영과 현상 유지적 대외정책을 표방했다면, 혁신 세력은 지속적인 제도개혁과 팽창적 대외정책을 추구했기 때문에 충돌은 불가피했다. 양측의 입장 차이가 첨예하게 드러난 사건이 표전表箋(외교문서) 문제를 둘러싼 정도전과 권근의 대립이었다.

사건의 발단은 태조 4년(1395) 10월 조선이 하정사賀正使에게 들려 보낸 표전문이었다. 당시 명나라는 이 표전문에 경박하게 희롱하고 모멸하는 문구가 들어있다며, 문서 작성의 주모자 정도전을 압송하라고 통보했다. 명나라는 정도전의 요동 공격 가능성을 미리 감지하고, 표전 문제를 빌미로 정도전 압송을 요구한 것이다.

문제가 발생하자 정도전은 자신이 55세의 고령으로 복창腹脹(배가 더부룩한 병)과 각기병을 앓고 있다며 압송 요구에 응하지 않았다. 정도전의 불응은 권근에겐 절호의 기회였다. 권근은 태조 5년(1396) 7월 정도전을 대신해 사행을 자청했다. 그러자 정도전은 이색의 애제자 권근이 사행을 자청하는 것에 의혹을 품고 파견을 반대했다. 과거에 이색이 명나라에 고려에 대한 보호와 감독監國을 요청한 바 있었는데, 권근에 의해 그와 같은 외세 의존적 외교정책이 부활하지 않을까 우려한 것이다.

결국, 사행 임무를 맡은 권근은 다음 해 3월 사태를 원만히 해결했을 뿐만 아니라 황제의 융숭한 대접까지 받고 돌아왔다. 권근이 지은 24수의 응제시應製詩가 바로 그 증거였다. 응제시란 황제가 낸 시제詩題에 따라 지은 시다. 권근이 임무를 성공적으로 마치고 귀국하자 정도전은 곧바로 권근을 탄핵했다. 탄핵의 근거는 함께 파견된 정총 등은 모두 억류된 상태에서 권근만 무사 귀환했고, 귀국 뒤 황금을 사용하는 것으로 보아 권근과 명나라 황제 사이에 모종의 밀약이 있었을 것이라는 추론이었다. 그러나 황금은 태조가 출국 때 노자로 들려 보낸 것이었다.

정도전의 견제가 심했지만, 표전 문제 해결은 권근이 주목받을 수 있는 결정적인 기회였고 그는 그 기회를 놓치지 않았다. 권근은 태조 6년(1397) 12월에 올린 상서에서 표전 문제 해결을 비롯한 여러 공로를 열거하며 원종공신原從功臣에 추록해 줄 것을 요청해 태조의 승인을 받아냈다. 그리고 태종 집권 직후에는 좌명공신佐命功臣으로 책봉되어 태종 정권의 정국 안정을 주도하는 인물로 부상했다.

수성 시대의 정치윤리

절개를 저버렸다는 비난을 무릅쓰고 권근이 조선 조정에 참여했던 것은 도덕적 평가에 집착한 은둔만이 정치가의 바른길은 아니라고 판단했기 때문이다. 은둔형 정치가와 참여형 정치가의 역사적 모범은 백이伯夷와 이윤伊尹이었다. 맹자의 평가에 따르면 백이는 "섬길 만한 군주가 아니면 섬기지 않고 부릴 만한 백성이 아니면 부리지 않아서, 다스려지면 나아가고 어지러워지면 물러나는" 인물이었다. 반면에 이윤은 "누구를 섬긴들 군주가 아니며 누구를 부린들 백성이 아니겠냐고 하면서, 다스려져도 나아가고 어지러워도 나아가는" 인물이었다. 맹자는 백이는 천하가 맑아지기를 기다렸고, 이윤은 천하의 무게를 자임했다고도 평가했다. 이 둘 중에서 권근은 자신의 정치적 행보를 이윤과 동일시하면서 조선 조정에 참여한 것을 정당화했다.

하지만 권근이 정치윤리 자체를 부정한 것은 아니었다. 오히려 권근은 창업創業할 때와 수성守成할 때 지켜야 할 정치의 원칙이 다르다는 점을 강조했다. 창업할 땐 권도權道를 사용해 따르는 자에겐 상을 주고 따르지 않는 자에겐 벌을 주어야 한다고 했다. 반면에 수성할 땐 전대 신하들의 절의를 포상해 후세의 신하들을 권면하는 정도正道를 사용해야 한다고 했다.

권근은 한때 정치가의 은둔을 직무 유기라고 비판하며 자신의 조선 출사를 정당화하기도 했지만, 태종 즉위 직후에는 정몽주와 길재吉再의 절의를 포상해야 한다고 주장했다. 수성의 시대가 되었으니 고려에 대한 충성을 지키기 위해 조선을 버린 그들을 조선 정치가의 표상으로 삼자고 제안한 것이다. 그의 이러한 생각은 정적 정도전을 반역 음모로 엮어 제압한 끝에 가까스로 집권에 성공한 태종의 문제의식과도 정확히 부합되었다. 그리고 태종은 재위 1년(1401)에 권근의 제안에 따라 자신이 살해한 정몽주에게 영의정부사를 증직했다.

왕조 교체의 갈림길에 선 정치가들에게 충성과 반역 중 어느 하나를 선택하는 것은 거역할 수 없는 숙명이었다. 정몽주와 정도전도 그들 앞에 닥친 숙명을 받아들였고, 그들의 선택은 각자의 삶을 비극적 종언으로 몰고 갔다. 반면에 권근은 극단적 선택을 피했다. 권근은 정몽주처럼 고려에 대한 절의를 끝까지 지키지도 못했고, 정도전처럼 조선 건국을 주도하지도 않았다. 대신에 권근은 절의 정신을 수성 시대의 정치적 기준으로 제안해 충성과 반역으로 분열된 역사를 봉합하고자 했다.

권근은 태종 시대의 정치적 주역이었고 학문적 성과도 남달랐다. 그러나 정작 자신은 지식인의 사당인 문묘에 종사되지 못했다. 형제 중 한 명이 승려였고 권근 자신이 불교에 비판적이지 않았던 점도 문제였지만, 결정적인 이유는 실절이라는 정치적 낙인을 끝내 지우지 못했기 때문이다.

4

종교와 정치가 만난 자리,
승려 기화己和

1376~1433

이판과 사판의 경계

신라는 500년, 고려도 500년 동안 불교 국가였다. 그런데 어떻게 조선은 단숨에 불교를 버리고 유교 국가로 탈바꿈할 수 있었을까? 언뜻 유교 국가 조선의 탄생은 유학자들이 거둔 승리의 결과로 보인다. 그러나 비밀의 열쇠는 유교가 아니라 불교에 있었다.

불교는 세간世間이 아니라 출세간出世間을 지향하는 종교다. 카필라Kapila 왕국의 태자 고타마 싯다르타Gautama Siddhārtha가 출가를 결심했을 때부터 불교는 세속의 권력을 거부했다. 이런 부처의 깨달음을 전파하는 집단을 승가僧伽, Sangha라고 한다. 이들의 신조는 "코뿔소의 외뿔처럼 혼자서 가라"는 부처의 말씀이다. 모든 것을 버리고 평생 고독한 수행자의 길을 간다는 뜻이다.

그러나 승려들은 명상과 해탈에만 매달려서는 안 된다. 중생을 구제하기 위해서는 끊임없이 세속과 접촉해야 한다. 게다가 출가한 수행자는 생산에 참여하지 않기 때문에 교단을 유지하기 위해서는 세속의 지원을 받아야 한다. 명상과 해탈은 이판理判의 영역에 속하고, 세속의 사무는 사판事判의 영역에 속한다.

부처의 가르침을 올곧게 실천하려면 이판과 사판을 엄격히 구분해야 한다. 표준국어대사전에는 이판과 사판에 대한 설명이 따로 없지만, 이판승과 사판승에 대한 설명으로도 그 의미를 충분히 짐작할 수 있다. 이판승은 속세를 떠나 수도에만 전념하는 승려이고, 사판승은 절의 재물과 사무를 맡아 처리하는 승려다. 이판과 사판의 관계를 잘 정리하지 않으면, 막다른 데 이르러 어찌할 수 없게 되는 이판사판의 지경이 된다.

이판과 사판의 경계를 명확히 하기 위해서는 불교 교단의 독립성이 보장되어야 한다. 불교의 발원지 인도에서는 불교 교단의 정치적 독립성을 보장해주는 전통이 대체로 잘 이어졌다. 인도에서는 왕이 천민 출신의 승려에게도 반드시 예를 갖추어야 했다. 불교 교단의 권위가 세속의 정치적 권위보다 우월했던 것이다.

천년 불교 왕국의 비밀, 호국 불교

중국에서도 동진東晉(317~420)이 지배하던 남중국에서는 불교 교단의 정치적 독립성이 비교적 잘 보장되었다. "사문은 왕에게 예경

현등사 함허당득통탑과 석등

1411년에 현등사를 중창했던 함허대사(기화)의 사리탑이다. 경기도 가평에 있다.

(사진출처 문화재청 홈페이지)

할 필요가 없다[沙門不敬王者]"는 담론이 확립될 정도였다. 반면에 5호胡 16국國이 난립하던 북중국에서는 포교에 정치 권력의 후원이 필요했다. 그 결과 북조에서는 사문의 국왕에 대한 예경을 강조했고, "국왕이 곧 부처[王卽佛]"라는 관념이 보편화되었다. '왕주교종王主敎從'을 지향하는 북조 불교는 수隋나라에 계승되어 중국 불교의 전통으로 자리 잡았다. 북조 불교의 영향을 많이 받은 삼국시대 한국 불교도 전래 초기부터 세간과 국가를 강조하는 호국 불교의 성격을 띠게 되었다.

고구려를 통해 불교가 전래된 신라도 마찬가지였다. 신라는 눌지왕(재위 417~458) 때 고구려 승려 묵호자墨胡子를 통해 불교를 처음 접했다. 묵호자는 승려의 이름이 아니라 검은 피부를 가진 이방인이란 뜻이다. 신라에서 포교하던 묵호자는 공주의 중병을 고치고 홀연히 사라졌다. 소지왕(재위 479~500) 때도 묵호자를 닮은 승려 아도阿道가 신라에 들어와 포교하다 앓지도 않고 죽었다. 이방인 승려들이 포교를 목적으로 국왕에 접근해 기이한 행적을 남겼지만, 파장은 크지도 오래가지도 않았다.

신라에서 불교가 공인된 것은 눌지왕 사후 70년 만인 법흥왕 15년(528)이었다. 널리 알려진 불교 공인의 계기는 이차돈異次頓 순교라는 신화였다. 신화의 골자는 법흥왕이 왕명을 사칭해 사찰을 건립한 이차돈의 목을 베자, 그 목에서 흰 피가 한 길이나 솟구쳤고 하늘에선 꽃비가 내렸다는 것이다. 그리고 마침내 순교의 기적은 불교 공인으로 이어졌다.

원래 순교라면 종교 탄압에 저항하다 희생되는 것을 의미한다. 그러나 법흥왕은 불교를 탄압하지 않았고, 오히려 공인했다. '법흥法興'이란 왕명도 불법을 일으켰다는 뜻이다. 《삼국유사》와 《삼국사기》의 기록을 종합해보면, 이차돈 순교의 이면에는 정치적 복선이 깔려 있었다. 법흥왕은 재위 7년(521)에 율령을 반포하고 국가 개혁에 나섰지만, 신라를 지배하던 6부족 연맹체의 수장들은 법흥왕의 독주에 번번이 제동을 걸었다. 결국, 법흥왕은 천손天孫 신앙을 가진 6부족의 영향력을 제어하기 위해 불교의 위력을 활용하기로 했다. 이때 법흥왕의 측근 이차돈이 묘책을 제시했다. 자신이 천손 신앙의 성지인 천경림天鏡林에 사찰을 건립할 테니, 자신을 왕명 사칭죄로 처형해 왕권에 저항하는 신하들을 일벌백계로 다스리라는 것이었다. 법흥왕은 밀약에 따라 이차돈을 처형했고, 순교의 기적은 반대 세력을 무력화시키는 정치적 효과를 거뒀다. 물론 불교도 공인되었다.

세속적 번영과 세속적 타락

그 후 불교는 신라의 삼국통일 위업을 달성하는 데 기여했고, 고려 때는 대장경 간행을 통해 거란과 몽골의 침략에 맞설 정신적 원동력을 제공했다. 불교는 신라와 고려를 거치면서 국가 종교로 발전했고, 그에 따라 승려들의 위상도 높아졌다. 그러나 국가의 정치적 목적에 동원되어 누렸던 세속적 번영은 결국 세속적 타락을 동반했다. 불교계의 자정 노력이 전혀 없었던 것은 아니지만, 권력과 결탁한 교단은 세간과 출세간의 경계를 넘나들며 물의를 일으켰다.

타락한 불교가 이끄는 고려의 미래는 밝지 않았다. 적어도 성리학에 주목한 젊은 지식인들 눈에는 그렇게 보였다. 성리학자들의 좌장이었던 정몽주는 불교가 음식남녀飮食男女와 같은 일상의 진리를 거부한다고 비난했다. 조선 건국의 주역 정도전도 불교가 남녀의 동거를 옳지 않다고 여겨 인륜에서 멀어졌고, 농사짓기를 거부해 생산의 근본을 끊어버렸다고 비판했다. 한마디로 불교는 역사 계승과 경제 발전에 기여하지 않는 종교라는 비판이었다.

성리학자들의 신랄한 비판에 맞선 불교 측의 반론은 거의 전무했다. 유일한 예외가 세종 때 활약한 승려 기화의 반론이었다. 기화는 원래 성균관 유생이었는데, 21세 때 친구의 죽음을 목격하고 인생의 무상함을 느껴 출가했다. 기화는 이성계의 왕사 무학無學에게 배웠고 무학은 나옹懶翁의 제자였다. 기화는 나옹에서 무학으로 이어지는 선종禪宗 학맥을 계승한 셈이다.

불교 개혁의 길, 파사와 현정

그러나 기화는 세속과 완전히 동떨어진 은둔적 구도자의 삶을 추구하진 않았다. 기화는 세종 때 왕실과 접촉하며 성리학자들의 공세에 대응할 정치적 발판을 확보했다. 세종이 호불好佛의 군주였던 것도 도움이 되었다. 세종은 수양대군에게 부처의 일대기인《석보상절釋譜詳節》을 간행케 했고, 자신이 직접 부처의 공덕을 찬양한《월인천강지곡月印千江之曲》을 짓기도 했다. 기화가 불교를 옹호하기 위해《현정론顯正論》을 집필할 수 있었던 것은 그러한 정치적 배경과 무관하지 않았다.

현정이란 파사현정破邪顯正을 줄인 말이다. 사도邪道를 깨뜨리는 것이야말로 가장 효과적으로 정도正道를 드러내는 길이란 뜻이다. 기화는 성리학자들의 불교 비판이 한창 기승을 부리던 시절《현정론》을 써서 그들의 비판에 맞섰다. 핵심적 내용은 불교도 세속의 발전에 기여할 수 있다는 것이다. 방식은 불교의 세속적 효용성을 유교 논리에 짜맞추어 입증하는 보유론補儒論이었다.

기화는 우선 불교가 무부무군無父無君의 종교라는 비판에 대해 해명했다. 기화도 충효가 신하와 자식이 지켜야 할 마땅한 도리라는 점을 인정했다. 다만 기화는 불교의 충효는 세속의 충효와 다르다고 했다. 예컨대 부처의 출가는 세속의 관점에선 불효지만, 부모를 해탈의 세계로 인도하기 때문에 진정한 효도가 될 수 있다고 주장했다. 기화는 불교가 나라와 임금에게 충성하지 않는다는 비판에 대해서도 반박했다. 그는 승려들이 향을 피우고 등을 달아 임금과 나라를 위해 축원하는 것이 불교에서 충성을 실천하는 방식이라고 강변했다.

다음으로 기화는 승려들의 무위도식과 세속적 타락에 대해서도

강화 정수사
함허대사의 사리는 다섯 군데로 나누어 모셨는데 가평 현등사, 희양산 봉암사, 황해도 현봉사,
위치를 알 수 없는 인봉사 그리고 강화군 화도면 사기리에 있는 정수사이다.
(사진출처 문화재청 홈페이지)

해명했다. 그러나 기화의 답변은 상당히 군색했다. 기화는 불법을 전파하고 중생을 구제한 승려가 남의 봉양을 받는다고 해서 부끄러워할 필요는 없다고 주장했다. 게다가 기화는 자격 없는 승려들이 문제를 일으킨다고 해서 너무 심하게 나무라서는 안 된다고도 했다. 일부 승려들의 사소한 문제 때문에 불교계 전체를 매도할 필요는 없다는 주장이지만, 결국 기화는 승려들의 세속적 타락을 묵인한 셈이다.

보유론의 한계와 유학의 교조화

기화는 성균관 유생 출신이었기 때문에 유학과 불교 경전에 모두 해박했다. 그래서 그는 유학 경전들을 인용해 불교와 유학에 근본적인 차이가 없으며, 불교 교리에서도 유학과 마찬가지로 세속적 효용을 찾을 수 있다고 주장했다. 마테오 리치Matteo Ricci가 중국에서 천주교를 효과적으로 포교하기 위해 유학과의 접점을 강조했던 것과 마찬가지 방식이었다.

현정이 성공하기 위해서는 효과적인 파사가 중요하다. 당시 기화에게 주어진 파사의 과제는 두 가지였다. 하나는 유학자들의 비판에 대응하는 것이었고, 다른 하나는 불교계 내부의 문제를 직시하는 것이었다. 그러나 그의 보유론은 유학자들과의 대결을 성공적으로 이끌지 못했고, 기화는 불교 교단이 안고 있던 현실적 문제점들을 모두 외면했다. 기화는 출세간의 종교인 불교가 어떻게 세속의 문제에 개입하게 되었는지 그리고 그로 인해 발생한 문제점들을 불교 교단은 어떻게 치유해야 하는지에 대해 전혀 답변하지 못했다. 그 결과 조선 초기의 유불논쟁은 유학자들의 일방적인 승리로 끝났다. 그러나 결과는 그것으로 그치지 않았다. 현세의 이념인 유학이 출세간의 영역까지 장악하게 됨으로써, 유학은 더욱 배타적이고 교조적인 담론으로 전개될 가능성이 커졌다.

제2부

윤리와 정치

일상윤리의 실천가들

──────── 성종 15년(1484) 12월《경국대전》이 완성되었다. 조선이 건국된 지 92년 만에, 정도전이《조선경국전》을 지은 지 90년 만에 조선 정치체제의 기본 골격을 세운 최고最高의 성문 법전을 간행한 것이다. 이보다 앞서 예종 1년(1469) 9월에 서거정徐居正은《경국대전》의 모체가 되는《신묘대전辛卯大典》을 완성한 후 서문에서《경국대전》편찬의 의미를 다음과 같이 평가했다.

천지天地와 사시四時에 맞춰도 어긋나지 않고, 앞 시대 성인의 것에 고증해 보아도 틀리지 않으며, 백세百世 이후의 성인을 기다려도 거리낄 게 없다. 지금으로부터 성자신손聖子神孫이 모두 이 성헌成憲을 거스르거나 잊지 않고 따른다면, 우리 국가의 문명 정치가 어찌 한갓 주周나라의 융성함에 견줄 뿐이겠는가. 억만년 무궁한 왕업이 마땅히 더욱 유구悠久하고 유장悠長할 것이다.

건국 이후 조선은 두 차례에 걸친 왕자의 난도 겪었고, 숙부 세조가 조카 단종의 왕위를 찬탈했던 계유정난癸酉靖難도 치렀다. 건국 100년의 역사는 파란波瀾의 연속이었지만, 조선은 격랑의 와중에서 정치체제의 기틀을 잡아갔다. 《경국대전》은 조선적 정치제도화의 결정판이었고, 9대 임금 이혈李娎은 그 업적의 주역임을 인정받아 성종成宗이라 칭해졌다.

성종은 13세에 즉위했기 때문에 성년이 될 때까지는 정희왕후貞熹王后와 한명회韓明澮 등 후견 세력의 영향으로부터 자유롭지 못했다. 성종은 재위 7년 만에야 정희왕후의 철렴撤簾을 계기로 친정親政을 시작했다. 이때부터 성종은 후견 세력을 견제하기 위해 젊은 지식인들을 대간臺諫에 포진시킴으로써 독자적으로 왕권을 행사할 수 있었다. 이 점에서 성종의 치세가 남긴 또하나의 유산은 지식인들의 비판적 언론을 제도화한 것이었다.

하지만 성취가 클수록 성공의 그림자도 넓고 짙은 법이다. 특히 연산군은 아버지 성종의 대간 육성 정책을 자신의 독자적인 왕권 행사에 걸림돌이 된다고 여겼다. 게다가 연산군에게는 생모가 아버지에 의해 살해당했다는 지울 수 없는 트라우마도 있었다. 결국, 연산군은 대간의 언론 활동을 왕권에 대한 도전, 즉 능상凌上으로 간주했고, 생모 살해에 동조했던 지식인들을 능상 죄로 엮어 가혹하게 응징했다. 연산군 4년(1498)의 무오사화와 10년(1504)의 갑자사화가 바로 그 응징의 생생한 역사적 증거였다.

폭정에서 살아남은 지식인들은 반정을 통해 정상적인 정치를 회복했지만, 그것도 오래가지는 않았다. 정치의 도덕성을 강조했던 젊은 지식인들은 기득권 상실을 우려한 구세력에 의해 집단적으로 거세되었고(기묘사화, 중종

14년 1519), 세력 기반 확충을 위해 왕권과 결탁하는 과정에서 지식인 집단 내부의 분열도 발생했다(을사사화, 명종 1년 1545). 16세기는 한마디로 정상적인 정치가 작동하지 않던 정치 실종의 시대였다.

  정치가 실종된 시대를 살았던 지식인들은 자신의 존재 이유를 일상윤리의 실천에서 찾았다. 남다른 효행으로 문묘에 종사된 정여창과 《소학》의 가르침을 평생 실천한 김굉필의 경우가 대표적이다. 김굉필에게서 《소학》 정신을 배웠던 조광조는 일상윤리의 실천이야말로 바른 정치 회복의 출발점임을 강조하고 일상윤리의 실천가들을 조선 지식인의 표상으로 정립했다. 지식인 집단 내부의 분열로 화를 입은 이언적은 유배지에서도 학문을 게을리하지 않았고, 그가 이룬 학문적 업적은 서자 이전인에 의해 세상에 알려졌다.

5

효자 가문에 충신 난다, 정여창 鄭汝昌

1450~1504

하늘 같은 은혜

아버지 나를 낳으시고

부혜생아 父兮生我

어머니 나를 기르시니

모혜국아 母兮鞠我

나를 어루만지고 나를 길러주시며

무아휵아 撫我畜我

나를 자라게 하고 나를 키워주시며

장아육아 長我育我

나를 돌아보고 다시 나를 돌아보시며

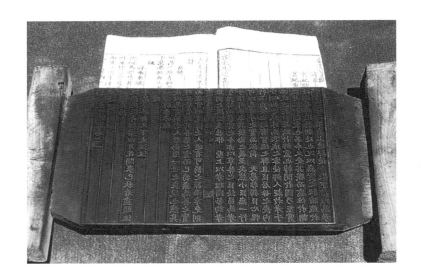

일두문집 목판
이 문집은 정구鄭逑와 정여창의 증손자 정수민이 함께 수집·검수한 것을 인조 13년(1635)에 처음 발행하였다. 경상남도 함양군 소재. (사진출처 문화재청 홈페이지)

고아부아顧我復我

드나들 땐 나를 가슴에 품으시니

출입복아出入腹我

그 은덕 갚고자 할진대

욕보지덕欲報之德

하늘처럼 다함이 없도다.

호천망극昊天罔極.

_《詩經》, 小雅, 蓼莪

이 시는 《시경詩經》 '육아蓼莪'의 네 번째 장이다. 자식이 부모로 부터 받은 은혜가 하늘처럼 커서 갚을 길이 없다는 뜻이다. 정여창은 평소 《시경》을 읽다가 이 대목에 이르면 흐르는 눈물을 멈추지 못했다고 한다. 이 말은 과장이 아니었다. 실제로도 정여창은 널리 알려진 효자였다. 그래서 박재형朴在馨(1838~1900)은 정여창의 효행을 《해동속소학海東續小學》에 수록해 어린이들에게 읽혔다. 물론 세상에는 정여창말고도 효성으로 이름난 사람이 많았다. 그러나 효행으로 문묘에 종사된 사람은 정여창이 유일하다. 선조 37(1604)년에 성균관 유생 조명욱曹明勖 등이 정여창의 문묘 종사를 청원할 때도 그의 학문 외에 집안에서 행실이 돈독했다는 점을 강조했다(《선조실록》, 37년 3월 19일). 한 마리 좀에 지나지 않는다는 뜻에서 일두一蠹라는 호를 썼던 정여창의 어떤 행실이 그를 조선 지식인의 모범으로 칭송받게 했을까?

정여창은 아버지 정육을鄭六乙과 어머니 최 씨 사이의 장남으로 경상남도 함양咸陽에서 태어났다. 여창이란 이름은 정육을이 의주義州 통판通判으로 부임했을 때, 마침 의주에 당도했던 명나라 사신 장녕張寧에게 부탁해 받은 이름이다. 정여창이 8세 때 일이었다. 태어났을 때 지은 이름이 없었을 리 만무하지만, 아버지는 아들이 잘되길 바라는 간절한 염원을 담아 작명을 부탁했다. 정육을의 간곡한 부탁을 받은 장녕은 이름을 지어주며 '명설名說(이름의 뜻을 설명하는 글)'에 "사람이 이름을 귀하게 하는 것이지 이름이 사람을 귀하게 하는 것은 아니다"라는 경계의 말도 담았다. '네가 집안을 창성시켜라'라는 뜻의 여창汝昌이란 이름은 이렇게 갖게 되었다.

어머니의 가르침

아들이 귀하게 되기를 바랐던 아버지 정육을은 세조 13년(1467) 5월에 함길도 병마우후(정3품)로 재직하던 중 이시애李施愛의 반란을 토벌하다 전사했다. 당시 18세였던 정여창은 아버지의 전사 소식을 듣고 시신을 수습하기 위해 함양에서 길주吉州로 2,000리 길을 나섰다. 그리고 마침내 집을 나선 지 한 달 만에 악취가 나는 시체들 속에서 아버지의 시신을 찾아와 고향에서 정성껏 장례를 치렀다. 1년 뒤 조정에서는 국가를 위해 순절한 자의 자식에게 벼슬을 주는 관례에 따라 정여창에게 군직軍職을 내렸다. 그러나 정여창은 부친의 순국을 대가로 자식이 벼슬을 얻을 수 없다며 사양했다.

정육을의 자식 사랑이 각별했던 만큼 아버지를 잃은 정여창의 상심도 이만저만이 아니었다. 어려서부터 술을 즐겼던 정여창은 아버지를 잃은 슬픔에 어느 날 친구들과 어울려 통음痛飮을 하고 들판에 쓰러져 밤을 지새운 적도 있었다. 이를 보다 못한 어머니가 "네 아버지가 돌아가신 후 혼자 된 내가 믿을 사람은 너뿐이다. 그런데 네가 지금 이 모양이니, 나는 누굴 믿고 의지하겠느냐?"며 아들을 꾸짖었다. 그 뒤로 정여창은 크게 뉘우치며 술은 물론 감주甘酒도 입에 대지 않았다.

아버지를 일찍 여윈 뒤로 정여창은 늘 어머니 곁에서 어머니 마음을 위로하고 기쁘게 해드리는 것으로 일상을 보냈다. 한번은 정여창이 향회鄕會에서 소를 잡아 잔치를 벌였는데, 국법으로 금지한 물품[禁物]을 썼다고 고발당한 일이 있었다. 이 때문에 어머니의 근심이 크자 정여창은 이후로 다시는 소고기를 먹지 않았다. 정여창이 34세에 진사 시험에 합격하고 성균관에 들어간 것도 "아비 없는 아이가 배우지도 못해서 어찌하겠느냐"는 어머니의 질책 때문이었다. 그러나 성균관에 입교한 뒤로는 동료들이 코를 골고 잘 때도 홀로 잠들지 않았다. 이를 본 동료들이 참선하느라 자지 않는다고 말할 정도로 정여창은 학업에 정진했다.

역질도 비껴간 효심

정여창은 3년 만에 고향을 다시 찾았다. 고향에 역질이 돈다는 소식을 듣고 어머니의 안부를 확인하려 했던 것이다. 마을에는 이미 이웃끼리도 왕래가 없었고, 사람들도 정여창에게 밖에서 문안을 드리라고 권할 정도였다. 그러나 정여창은 주위의 만류를 뿌리치고 집 안으로 들어가 어머니를 뵀다. 과연 어머니는 이질痢疾을 앓고 계셨다. 정여창은 어머니의 병세를 확인하기 위해 대변을 직접 맛보며 간호했고, 어머니 대신 자신을 데려가 달라고 하늘에 호소했다. 그래도 어머니의 병세가 호전되지 않자, "정성이 부족해 신명의 도움을 받지 못했으니 살아서 무엇 하겠느냐"며 머리를 기둥에 부딪쳐 피가 흘러내릴 정도로 자신을 책망했다. 이를 본 주위 사람 중에 눈물을 흘리지 않은 이가 없었다.

정여창의 지극 정성에도 불구하고, 어머니는 10여 일 만에 세상을 떠났다. 어머니를 잃은 정여창은 통곡하다 피를 토했고, 미음 한 숟갈도 입에 넣지 않아 거의 목숨을 잃을 지경까지 이르렀다. 상례를 치를 때도 마찬가지였다. 당시에는 역질이 돌면 모든 상례 절차를 생략하는 것이 관행이었다. 그러나 정여창은 모든 것을 예법에 정해진 절차에 따랐다. 그런 그를 보고 마을 사람들은 그마저 역질에 걸릴까 염려했지만, 그는 다만 심하게 수척해졌을 뿐 무사히 장례를 마쳤다. 그러자 마을 사람들 사이에선 역질도 효자를 해칠 수 없다며 칭송이 자자했다.

정여창은 장례를 마친 뒤에도 정성을 다해 부모를 섬겼다. 그는 시묘살이 3년 동안 한 번도 무덤 곁을 떠나지 않았고, 아내의 얼굴도 보지 않았다. 가산을 챙기지 않는 정여창을 위해 어머니가 별도로 마련해 둔 재산도 모두 상례 비용으로 충당했다. 또 저축이 넉넉했던 어머니가 평소 함양 백성들과 주고받은 빚 문서도 모두 불태워 버렸다. 어머니가 빚을 주고받을 때 필시 백성들에게 원망을 들은 일이 있었을 터였기 때문이다.

연산군과 정여창

정여창의 이런 효행이 널리 알려지자 성종 21년(1490)에 조효동趙孝仝과 윤긍尹兢이 상소를 올려 그를 천거했다. 성종은 이들의 상소문을 읽고 "눈물이 흐르는 것도 미처 깨닫지 못했다"라며, 그를 속히 발탁해 국가가 선행을 권장하는 뜻을 널리 알리라고 전교했다. 그리고 조정에선 그에게 소격서 참봉(종9품)을 제수했다. 그러나 정여창은 자신의 행동이 아들로서 당연히 해야 할 일이었다며 사양했다. 정여창의 나이 41세 때의 일이었다.

결국, 정여창은 그해 겨울에 문과 별시에 급제해 예문관 검열(정9품)에 임명되었다가 곧바로 왕세자 교육을 담당하는 시강원 설서(정7품)로 자리를 옮겼다. 당시 정여창이 가르친 세자는 연산군이었다. 정여창은 학문을 즐기지 않던 세자를 바로잡으려고 완곡하게 간언하곤 했는데 세자는 이를 달갑게 여기지 않았다. 그래서 정여창은 성종 25년(1494)에 외직을 자원해 안음安陰 현감(종6품)이 되어 세자 곁을 떠났다. 그리고 무오사화가 일어난 연산군 4년(1498)까지 현감직을 충실히 수행했다.

무오사화는 김일손金馹孫이 김종직金宗直의 글 '조의제문弔義帝文'을 사초에 기록했고, 연산군이 이것을 세조의 왕위 찬탈을 비난한 것으로 해석하며 불거진 사건이다. 정여창이 이 사건에 연루된 것은 계유정난癸酉靖亂 때 희생된 전라도 도체찰사 정분鄭苯의 억울함을 밝힌 전기를 지었기 때문이다. 정여창은 부친과 교분이 있던 승려 탄坦으로부터 정분이 죽은 내막을 전해 듣고 김일손의 부탁으로 전기를 지었는데, 김일손이 이것을 사초에 기록해 사달이 났다. 결국, 정여창은 김종직의 문도였고 정분의 전기를 지었다는 이유로 곤장 백 대를 맞고 함경도 종성鍾城에 유배되었다. 그리고 그는 연산군 10년(1504) 4월 유배지에서 55세를 일기로 별세했고, 그해 9월에 일어난 갑자사화 때 그 문제가 다시 불거져 부관참시剖棺斬屍되었다.

효행의 사표

정여창은 지방관인 종6품 현감으로 관직 생활을 마감했다. 그의 저술로 알려진 《용학주소庸學註疏》, 《주객문답主客問答》, 《진수잡저進修雜著》 등도 지금은 모두 전해지지 않는다. 사화의 소용돌이 속에서 모두 불태워졌다는 점을 고려하더라도, 저술이 그리 많은 편은 아니다. 그런데도 그는 조선을 대표하는 지식인으로 선정되어 문묘에 종사되었다. 그의 문묘 종사를 청원했던 여러 상소가 공통으로 밝힌 이유는 김굉필과 정여창이 뜻을 합해 같은 길을 추구한[志同道合] 사이이므로, 김굉필을 종사하면서 정여창을 종사하지 않을 수 없다는 것이었다.

그러나 정여창이 문묘에 종사될 수 있었던 결정적인 이유는 조명욱이 상소에서 밝힌 바와 같이 그의 효행이 조선 사회의 사표師表로 삼을 만했기 때문이었다. 조효동이 정여창을 천거할 때 "충신은 반드시 효자 가문에서 찾아야 한다[求忠臣 必於孝子之門]"고 했던 것도 마찬가지 이유였다. 조효동의 말은 《후한서後漢書》 '위표 열전韋彪列傳'을 인용한 것이다. '위표 열전'에는 조효동이 인용한 문구 앞에 "효로 어버이를 섬기기 때문에 충을 임금에게 옮길 수 있다[事親孝 故忠可移於君]"고 했던 공자의 말이 더 있다(《효경》, 14장). 공자의 말은 부모에게 효도하는 정성으로 임금을 섬기면 그것이 곧 충성이라는 뜻이다. 깨지기 쉬운 군신 간의 충성 윤리를 절대로 깨지지 않는 부자간의 효 윤리에 빗대어 임금에 대한 신하의 절대적 충성을 확보하려는 전략이다. 그 결과 진정한 효자라면 진정한 충신이 될 수 있다는 신화가 만들어질 수 있었다. 효자 정여창이 충신의 상징 정몽주의 뒤를 이어 문묘에 종사될 수 있었던 이유도 여기에 있다.

6

《소학》과 시대정신,
김굉필金宏弼

1454~1504

말썽꾸러기 독자

- 김굉필을 김종직의 문도門徒라는 이유로 곤장 80대를 치고 평안도 희천熙川에 유배시켰다(연산군 4년 7월 19일; 26일).

- 평안도에 흉년이 들어 김굉필을 전라도 순천順天으로 이배했다(연산군 6년 5월 7일).

- 김굉필을 철물 저자[鐵物市]에 효수하라고 전교했다(연산군 10년 10월 7일).

- 김굉필에게 우의정을 증직했다(중종 12년 8월 26일).

- 김굉필을 정여창, 조광조, 이언적, 이황과 함께 문묘에 종사하기로 했다(광해군 2년 9월 4일).

위 기록은 《조선왕조실록》과 김굉필의 문집인 《경현록景賢錄》 연보에서 추린 것이다. 김굉필은 김종직의 제자라는 이유로 연산군 때 자행된 두 번의 사화에 연루되어 유배와 처형을 당했고, 중종 때 정치적으로 복권된 후 광해군 때 문묘에 종사되었다. 도대체 김굉필은 어떤 사람이었기에 무오사화와 갑자사화에 연루돼 극형을 당하고도 스승도 성취하지 못한 문묘 종사가 가능했을까?

김굉필의 아버지 김유金紐는 세조 8년(1462) 무과에 합격한 무인이었다. 김굉필과 함께 태어난 쌍둥이 형제는 어려서 죽은 듯하고, 12명 형제도 모두 장성하지 못했다. 김굉필은 독자로 자랐던 셈이다. 어렸을 때 성격은 매우 거칠었던 모양이다. 예닐곱 살 땐 아무 거리낌 없이 저잣거리를 누비며 무례하고 거만한 사람들을 보면 그들이 파는 고기나 두부를 채찍으로 마구 갈겨, 사람들은 그를 보면 피해 다니기 일쑤였다. 아버지의 무인 기질을 닮아 호방하기도 했지만, 집안의 귀한 독자였던 탓에 거리낄 것 없는 개구쟁이로 자랐다.

어린 김굉필의 거친 성품은 예법을 중시하는 엄한 어머니의 가르침 덕에 서서히 바로 잡혀갔다. 어머니는 김굉필에게 새벽마다 마루 아래에서 문안을 시키며 마음에 들지 않는 일이 있으면 엄정한 얼굴빛으로 말을 건네지도 않았다. 그때마다 김굉필은 감히 물러나지 못하고 공경하고 효도하는 도리를 다해 어머니가 기뻐하는 기색을 보고서야 물러났다. 그 덕에 김굉필은 장성해서 글을 배워 생원시에 합격하고 성균관에 들어갔다. 성종 11년(1480) 김굉필이

달성 도동서원

김굉필의 학문과 덕행을 기리기 위해 세워졌다. 선조 40년에 임금님이 직접 쓴 현판을 하사받아 사액서원이 되었다. 대구 달성군 구지면 도동리에 있다. (사진출처 문화재청 홈페이지)

27세 때의 일이었다.

배움의 시작은 《소학》부터

김굉필의 학업 성취에 결정적인 자극이 된 것은 21세 때 김종직의 문하에 들어가 배운 《소학》이었다. 김종직은 김굉필에게 《소학》을 가르치며, "진실로 학문에 뜻을 두려면 마땅히 이것부터 시작해야 한다. 광풍제월光風霽月도 이것에서 벗어나지 않는다"라고 했다. '광풍제월'이란 비 갠 뒤 맑게 부는 바람과 밝은 달이란 뜻이다. 마음이 넓고 쾌활하여 아무 거리낌이 없는 인품을 비유적으로 이르는 말로도 쓰이는데, 북송北宋 때 황정견黃庭堅이 주돈이周敦頤의 인품을 평한 데서 유래한 말이다. 《태극도설太極圖說》을 지은 주돈이는 성리학의 개척자 중 한 명이었다. 김종직은 《소학》을 초학자들의 입문서로만 간주하지 않고, 성리학 공부의 요체로 판단하고 김굉필에게 권했다.

김굉필은 성리학 공부의 출발점이 《소학》에 있다는 가르침을 받고 평생 실천하며 살았다. 김굉필은 시를 많이 남기지 않았지만, 그중에 '소학을 읽음[讀小學]'이란 시가 있다. 아마 《소학》의 중요성을 깨달은 이후에 지었을 것이다.

문장을 업으로 삼고도 천기를 몰랐는데,
業文猶未識天機

《소학》글 속에서 어제의 잘못을 깨달았네.

小學書中悟昨非

이것을 좇아 정성껏 자식 직분 다하리니,

從此盡心供子職

잗달게 부귀영화 어찌 부러워하랴.

區區何用羨輕肥

_《景賢錄》, 讀小學

김종직은 "이 말은 곧 성인이 되는 근본을 지적한 것이다. 허형許衡 이후에 어찌 그만한 사람이 없겠는가"라고 평했다. 허형은 원나라의 대성리학자였으니, 김종직이 김굉필을 그만큼 높게 평가했다는 뜻이다. 김굉필은 《소학》에 입문한 뒤 이 책을 손에서 놓지 않았고, 나이 서른이 넘어서야 비로소 다른 책을 읽기 시작했다. 사람들이 그에게 나랏일을 물으면, "소학동자小學童子가 어찌 대의大義를 알겠느냐"고 대답했다. 김종직의 문하에서 김굉필과 함께 공부했던 남효온南孝溫(1454~1492)의 증언이다.

스승의 가르침을 넘어서

남효온은 김종직과 김굉필 사이에 있었던 또 다른 일화도 전했다. 성종 17년(1486)의 일이다. 당시 김종직은 이조 참판으로 있었지만, 조정에 건의한 일이 없다는 평판을 듣고 있었다. 그러자 김굉필이 이를 풍자한 시를 지어 스승에게 보냈다.

도란 겨울에 갖옷 입고 여름에 얼음 마시는 것,
道在冬裘夏飮氷

날 개면 다니고 장마엔 멈추는 것 어찌 다 능하리오.
霽行潦止豈全能

난초도 세속을 따르면 마침내 변하고 마니,
蘭如從俗終當變

소는 밭을 갈고 말은 탈 수 있다는 걸 누가 믿으랴.
誰信牛耕馬可乘

_《秋江集》, 卷7, 師友名行錄

스승에 대한 불편한 심기를 에둘러 표현한 시였다. 이황도 이 시를 읽고 알기 어려운 곳이 있다고 했다. 이황이 제자 이정李楨에게 보낸 편지에서 해석한 것을 풀면 다음과 같다. 겨울엔 갖옷 입고 여름엔 얼음물 마시듯이, 도道의 실천은 때와 장소에 맞아야 한다. 정치도 그렇다. 날이 개면 길을 나서고 비가 오면 들어앉듯이, 치세엔 나가고 난세엔 물러나기를 알맞게 해야 한다. 물론 그것을 온전히 잘하기는 어렵다. 그러나 난초도 잡초 속에 섞이면 향기를 잃듯이, 군자는 세속에 영합할 수 없다. 군자가 세속에 영합한다면, 소의 본성은 밭을 갈고 말의 본성은 사람을 태우는 것이라는 평범한

도동서원 전경
도동서원은 조선 중기 전학후묘前學後廟의 전형적 배치형식과 강당과 사당의 공포양식 및 담
장 구성 수법 등에서 건축적 특성을 보여주고 있다. (사진출처 문화재청 홈페이지)

진리인들 누가 믿고 따르겠는가. 이런 김굉필의 풍자에 김종직도
다음과 같은 시로 화답했다.

분수 밖의 벼슬 벌빙의 지위에 이르렀건만,

分外官聯到伐氷

임금 바로잡고 세속 구제하는 일 홀로 어찌 감당하랴.

匡君捄俗我何能

후배들의 우졸하단 조롱 가르침으로 받아들이겠건만,

從敎後輩嘲迂拙

좀달게 권세와 이익엔 편승하지 않으리라.

勢利區區不足乘

_《秋江集》, 卷7, 師友名行錄

벌빙伐氷의 벼슬이란 장례나 제례 때 얼음을 쓸 수 있는 경대부卿
大夫 이상의 높은 벼슬이다. 물론 임금의 잘못을 바로잡고 세상을
구제할 임무는 김종직 홀로 감당할 일은 아니었다. 그러나 그 때문
에 후학들로부터 우졸迂拙하다고 조롱받았지만, 그는 그런 비난을
달게 받아들여 구차하게 권세와 이익을 좇진 않겠다고 다짐했다.
제자의 당돌한 비평도 허투루 듣지 않는 스승다운 넓은 도량을 김
종직도 보여준 것이다.

　이황은 김굉필의 시에 대해 김종직이 도학에 뜻을 두지 않고 시

문에만 열중했던 점을 비판한 것이라고 해석했다. 그리고 이 때문에 스승과 제자의 분의分義가 엄중함에도 사제관계가 계속되지 않았다고 평가했다. 남효온이 이 시로 인해 둘 사이가 벌어졌다고 지적했던 것을 염두에 둔 평가였다.

한빙의 계율

그러나 김굉필은 김종직에게서 배운 《소학》정신만은 일생의 지침으로 삼고 살았다. 《소학》정신의 핵심은 물 뿌리고 마당 쓸고[灑掃], 응하고 대답하며[應對], 나아가고 물러나는[進退] 세 가지 예절과 어버이를 사랑하고[愛親], 어른을 공경하며[敬長], 스승을 높이고[隆師], 벗을 가까이하는[親友] 네 가지 방도에 있었다. 김굉필은 《소학》정신에 기초한 일상의 예절을 자식들에게 가르쳤고, 소문을 듣고 배우러 온 후학들은 자리가 비좁을 정도로 가득 찼다.

김굉필은 후학들에게 《소학》을 가르치며, 《소학》정신 실천에 필요한 18가지 계율 '한빙계寒氷戒'를 제자 반우형潘佑亨에게 주었다. '한빙'이란 말은 '푸른색이 쪽에서 나왔지만, 쪽보다 푸르고 얼음이 물에서 나왔지만, 물보다 차다[靑出于藍而靑於藍 氷出于水而寒於水]'는 글에서 따왔다. 《순자荀子》'권학勸學' 편에 나오는 말이다. 김굉필은 '한빙'이란 말로 제자가 스승보다 낫기를 바라는 자신의 염원을 담고자 했다. 하지만 김굉필은 계율의 표제를 '청람靑藍'이라 하지 않고 '한빙'이라 했다. 그는 '한빙'의 계율에 학자라면 반드시 얇은 얼음을 밟듯이[如履薄氷] 자신을 다스리고 경계하는 마음가짐을 잃지 말아야 한다는 뜻도 담으려 했던 것이다. '여리박빙'이란 말은 《시경》 '소아小雅' 편의 '소민小旻'이라는 시에 나오고, 《논어》 '태백편太伯' 편에는 죽음이 임박한 증자曾子가 자신의 일생을 돌아보며 했던 말로 기록되어 있다.

《소학》정신의 실천과 교육에 매진했던 김굉필에게 출사의 기회가 찾아온 것은 41세 때인 성종 25년(1494)이었다. 이때 그는 숨은 선비[遺逸]를 천거하라는 임금의 명에 따라 경상감사의 추천을 받고 서울 남부의 참봉(종9품)으로 임명되었다. 그리고 다음 해 연산군 1년(1495)에 전생서典牲署 참봉으로 옮겼다. 연산군 2년(1496)에는 군자감 주부(종6품)가 되었고, 곧바로 사헌부 감찰(정6품)로 자리를 옮겼다가 연산군 3년(1497)에 형조 좌랑(정6품)을 맡았다. 그러나 그의 관직 생활은 그것으로 끝이었다. 연산군 4년(1498)에 무오사화가 일어나자 김종직의 문도라는 이유로 유배형을 받았기 때문이다. 그리고 다시 연산군 10년(1504) 갑자사화 때 참형을 받고 저잣거리에 효수되었다.

불의불굴의 정신

김굉필의 마지막 모습은 단아하고 비장했다. 사형 명령이 내려지자 김굉필은 목욕하고 관대冠帶를 갖춘 후 형장에 나갔다. 그리고 손으로 수염을 쓰다듬어 입에 물고 칼날을 받았다. "몸과 터럭과 피부는 부모에게 받은 것이니 감히 훼손할 수 없다[身體髮膚 受之父母 不敢毀損]”는 《효경孝經》의 가르침을 마지막까지 지키려 했던 것이다. 그는 당나라 한유韓愈의 글을 좋아했고, 특히 '장중승전 후서張中丞傳 後序'에서 장순張巡이 남제운南霽雲에게 “남아는 죽어도 불의에 굴복해서는 안 된다[南兒死耳 不可爲不義屈]”고 말했던 대목을 읽을 때마다 세 번 되풀이해 읽으며 눈물을 흘렸다. 그의 죽음도 불의에 굴하지 않은 의연한 죽음이었다.

김굉필은 평생 호를 갖지 않았다. 처음엔 도롱이 입은 늙은이란 뜻에서 사옹簑翁이란 호를 지었다. 도롱이를 걸쳐 큰비를 만나도 겉은 젖지만 속은 젖지 않겠다는 의지의 표현이었다. 그러나 이것마저 금세 던져 버렸다. 이름을 드러내는 것은 의연히 처세하는 도리가 아니라는 생각에서였다. 그래서 동시대 사람들은 그를 대유大猷라고 불렀지만, 그것은 호가 아니라 자字였다. 후학들은 그를 한훤당寒暄堂이라 불렀지만, 그것도 호가 아니라 원래는 처가 옆에 지은 작은 서재 이름이었다.

김굉필은 평생 자신을 드러내려고 하지 않았고, 그의 정치적 명망도 순교를 부를 만큼 뚜렷하게 드러난 것은 아니었다. 그러나 연산군을 쫓아내고 중종이 즉위하자, 폭정의 희생자들을 반정反正의 상징으로 초혼招魂할 필요가 있었다. 《소학》 정신으로 무장하고 불의에 타협하려 하지 않았기에 결국 사화를 만나 무고하게 희생된 김굉필은 반정의 상징으로 삼기에 안성맞춤이었다. 게다가 김굉필은 반정 시대의 주역 조광조에게 유배지에서 《소학》정신을 가르쳤던 인연도 있었다. 그래서 조선 최초로 문묘 종사 대상자 선정이 논의되자, 김굉필도 정몽주와 함께 거론되었고, 정몽주의 문묘 종사가 확정된 중종 12년(1517)에 우의정으로 추증되었다. 그리고 다시 광해군 2년(1610)에 그는 정여창, 조광조, 이언적, 이황과 함께 문묘에 종사되었다. 《소학》정신의 실천으로 이황이라는 대유학자와 같은 반열에 오르게 된 것이다.

7
살아 있는 권력에 맞서다,
조광조 趙光祖

1482~1519

반골 기질

　중종 12년(1517), 정몽주가 조선에서는 처음으로 문묘에 종사되었다. 문묘는 국가가 공인한 지식인들의 위패를 모신 사당이다. 조선 건국을 거부했고, 조선을 위해 단 하루도 살지 않았던 정몽주가 어떻게 조선의 문묘에 종사될 수 있었을까? 그것은 전적으로 조광조의 노력 덕분이었다. 조광조는 어떤 인물이었고, 무슨 이유에서 정몽주의 문묘 종사를 주도했을까? 어려서부터 남달랐던 조광조의 인물됨을 잘 보여주는 일화 하나가 있다.

　　김굉필이 꿩 한 마리를 구해 어머니께 보내려고 말리고 있었다. 그
　　런데 그만 애써 말린 꿩고기를 고양이 새끼가 물고 달아나 버렸다.

그러자 화가 난 김굉필이 여종을 꾸짖는데, 말과 기색이 몹시 지나쳤다. 옆에서 이 광경을 목격한 조광조가 스승 앞에 나아가 말했다. "어머니를 봉양하려는 선생님의 정성은 비록 간절하오나 군자는 말과 기색을 삼가지 않을 수 없습니다. 소자가 적이 마음에 의심되는 바가 있어 감히 말씀드립니다." 결국, 김굉필이 얼굴을 붉히며 제자의 손을 잡고 말했다. "나도 방금 스스로 뉘우치긴 했건만, 부끄러운 줄 미처 깨닫지 못했구나. 네가 내 스승이지 내가 네 스승이 아니로다."_《靜庵集附錄》, 卷5, 年譜

무오사화가 일어난 연산군 4년(1498) 조광조가 17세 되던 해의 일화다. 김굉필은 무오사화에 연루되어 평안도 희천熙川에서 유배 생활을 하고 있었고, 조광조는 희천 인근의 어천魚川에 찰방(종6품)으로 부임한 아버지를 따라와 김굉필의 문하에서 《소학》을 익히고 있었다. 할 말은 하고야 마는 고지식한 성품을 그의 삼촌 조원기趙元紀도 일찍이 간파하고 있었다. 그래서 조광조가 성균관 추천으로 천거되었을 때, "위태로운 말과 지나친 교만으로 몸을 해치고 낭패를 볼 수 있으니 경계하라"라고 충고했다.

발목 잡힌 반정

조광조는 중종 5년(1510)에 진사 시험에 장원으로 급제했고, 중종 10년(1515)에 종이 만드는 관청인 조지서 사지(종6품)에 천거되었다. 그러나 천거로 관직에 임명된 그에 대한 세간의 시선은 곱지 않았다. "《소학》한 권을 읽고 사지 공명을 저절로 얻었다."《소학》 정신에 충실했던 김굉필과 그의 제자들에 대한 부정적인 평가가 함축된 표현이었다. 결국 조광조는 조지서 사지에 임명된 지 두 달 뒤 열린 알성시에 급제해 자존심을 회복했다. 알성시는 임금이 문묘를 참배할 때 성균관에서 실시하는 시험이다.

조광조가 치른 이때의 알성시는 중종이 독자적인 왕권 행사를 위해 마련한 시험대였다. 반정공신들의 위세에 눌려 있던 중종이 재위 10년 만에 지지 세력을 모으기 위해 알성시를 개최했던 것이다. 그래서 알성시 책문策問의 주제도 반정 10년간의 지지부진한 정치를 극복할 대책을 마련하라는 것이었다. 중종의 요구에 대한 조광조의 답변은 명쾌했다. 답변의 핵심은 정치의 말단을 추구하지 말고 근본을 확립해야 하며, 이를 위해 도덕적 자질을 갖춘 군주가 지도력을 발휘해 백성들에게 감동을 주어야 한다는 것이었다.

조광조의 답안은 중종의 의도를 정확히 꿰뚫었고, 급제 후 곧바로 성균관 전적(정6품)과 사헌부 감찰(정6품)을 거쳐 중종 10년 11월 20일 사간원 정언(정6품)에 임명되었다. 그런데 조광조는 정언에 임명된 지 이틀 만에 돌연 사직 소疏를 제출했다. 이유는 담양 부사 박상朴祥과 순창 군수 김정金淨이 임금의 구언求言에 따라 상소를 올렸는데, 상소의 내용을 문제 삼아 오히려 그들을 처벌한 조치가 부당하다는 것이었다. 문제가 된 상소의 내용은 반정 3대장으

심곡서원

경기도 용인시 소재. 조광조의 위패를 모신 서원으로 조광조가 직접 심은 500여 년 된 느티나무가 남아 있으며, 《정암집》 등 관련 고문서가 장서각에 보관되어 있다. (사진출처 문화재청 홈페이지)

로 알려진 박원종朴元宗, 류순정柳順汀, 성희안成希顔 등이 반정 초기에 왕비 신씨愼氏의 아버지 신수근愼守勤을 제거한 후, 자신들의 안전을 위해 중종비 신씨의 폐위를 주도했다는 의혹 제기였다.

상소가 올라온 것은 중종 10년 8월 8일, 논란 끝에 두 사람이 각각 남평南平과 보은報恩에 유배된 것은 8월 24일이었다. 그런데 이들의 유배가 결정된 지 석 달 뒤인 11월 22일에 조광조가 사간원 정언직을 사퇴하겠다고 나선 것이다. 반정 3대장의 위세에서 벗어나려 했던 중종의 암묵적 지원이 있었기에 가능한 일이었다.

집요한 설득

조광조가 사직 소에서 언급한 사퇴의 변은 언로言路를 보호해야 할 대간이 임금의 구언에 따라 올린 상소를 문제 삼아 당사자를 처벌하고자 하니, 본분을 망각한 대간과는 함께 근무할 수 없다는 것이었다. 말단 언관이 올린 상소의 파장은 결국 조광조를 제외한 사헌부와 사간원의 대간 전원을 교체하고, 박상과 김정을 다시 기용하는 것으로 종결되었다. 그리고 조광조는 이 사건을 계기로 사림 전체의 공론을 이끄는 주역으로 부상했다.

이후 조광조는 초고속 승진을 거듭했고, 중종을 최측근에서 보좌하며 자신이 믿는 정치의 원칙을 중종이 받아들이도록 강요했다. 조광조에게 있어서 바른 선비란 임금의 뜻을 거슬러 원망과 노여움을 사더라도, 자신을 돌보지 않고 나라를 걱정하는 사람이었다. 조광조가 염두에 둔 바른 선비의 전형은 송宋 태조 조광윤趙匡胤을 도와 건국을 주도한 조보趙普였다.

조보는 송 태조의 권유로 《논어》를 배우기 시작해, "절반으로는 태조를 도와 천하를 안정시켰고, 나머지 절반으로는 태종을 도와 태평을 이룩했다"고 평가된 인물이다. 조보는 성격이 강직해 송 태조에게도 자기 뜻을 굽히지 않고 관철했던 일화로 유명하다. 한번은 조보가 천거한 인물을 송 태조가 받아들이지 않고 천거한 문서마저 찢어버리자, 다음 날 찢어진 문서를 꿰맞추고 다시 천거해 결국 자기 뜻을 관철했다. 또 한번은 송 태조가 싫어하던 인물을 천거해 송 태조가 문을 닫고 들어가 버리자, 궁문을 지키고 서서 끝내 자기 뜻을 관철한 일도 있었다. 조광조는 중종 13년(1518) 5월에 열린 조강朝講에서 조보의 일화를 장황하게 언급했다. 임금의 권력 앞에서 자기 뜻을 굽히지 않았던 조보처럼 조광조 역시 자신이 믿던 정치의 원칙을 중종에게 관철하고자 했다.

반정의 상징을 찾아서

임금의 전폭적 지지를 확인한 조광조와 신진 세력은 중종 12년(1517) 8월 5일부터 반정의 시대정신을 상징할 인물 선정 작업에 착수했다. 이때 이들이 문묘 종사 대상자로 거론한 인물은 태종 때 이미 복권된 정몽주와 함께 성삼문成三問과 박팽년朴彭年도 포함되어 있었다. 세조에게 저항하다 희생당한 성삼문과 박팽년이 반정의 시대정신을 상징한다고 믿었기 때문이다.

　다만 중종반정의 직접적 원인은 세조의 왕위 찬탈이 아니라 연산군의 폭정이었다. 따라서 반정 정신의 표상을 세우기 위해서는 폭정에 희생된 당사자들을 추모해야 했다. 이 점에서 김종직은 무오사화 때 부관참시를 당한 폭정의 희생자이자 조의제문을 통해 '충분忠憤'(충성심에서 비롯된 분한 마음) 의식을 드러낸 저항정신의 상징이었다. 그러나 조광조와 신진 세력은 김종직에 대한 비판 여론 때문에 그를 직접 거론하지 못했다. 대신에 그들은 김종직의 애제자라는 이유로 사화에 희생되었던 김굉필을 선택했다. 조광조의 스승이었던 김굉필을 대안으로 선택함으로써 김종직에서 시작된 반정 정신이 김굉필을 거쳐 조광조에게 계승되었다는 정치적 효과를 노린 전략이었다. 문묘 종사 대상으로 성삼문과 박팽년을 지목한 지 이틀 만인 8월 7일의 결정이었다.

　일단 당론이 결정되자, 조광조 세력은 연이은 상소로 정몽주와 김굉필의 문묘 종사를 압박했다. 그에 따라 자연스럽게 그들의 정치적 의도를 의심하는 반대 세력의 의혹도 커졌다. 8월 7일 자 《중종실록》은 이러한 정황을 다음과 같이 기록했다.

　　그들의 뜻은 김굉필을 종사하고 그것을 빙자해 당을 세우자는 데 있었고, 애초에 정몽주를 위해 계책을 세운 것은 아니었다.

_《중종실록》, 12년 8월 7일

조광조 묘소와 신도비
경기도 용인시 수지구 상현동 소재. 조광조는 신진사류들과 함께 잘못된 제도의 개혁과 새로
운 질서 수립을 위해 노력하였지만, 기성세력이었던 훈구파의 강한 반발을 사게 되었고, 결국
'주초위왕走肖爲王' 사건으로 죽음에 이르렀다. (사진출처 문화재청 홈페이지)

결국, 정몽주와 김굉필의 문묘 종사를 재론하라는 중종의 전교에 따라, 8월 20일에는 정몽주의 문묘 종사는 성사시키되 김굉필의 경우는 논의를 미루는 것으로 가닥을 잡아갔다. 그 후 김굉필의 종사 논의는 더는 거론되지 않은 상태에서 9월 17일 정몽주의 문묘 종사만 결정되었다. 김굉필의 종사에는 실패했지만, 정몽주를 충성의 상징으로 공인시켜 조선 지식인의 표상으로 세우는 데는 성공했다.

개혁의 벽, 역린

조광조는 정몽주 종사의 여세를 몰아 중종 13년(1518)에는 소격서를 혁파했고, 14년(1519)에는 현량과賢良科를 실시했다. 그리고 그해에 중종의 반대를 무릅쓰고 정국공신靖國功臣 개정 작업에 착수했다. 중종을 압박해 정국공신을 개정하라는 요구가 자정까지 이어진 날도 있었다. 조광조의 집요한 설득에 지친 중종이 몸을 비트느라 용상에서 삐거덕 소리가 났다는 전언이 있을 정도였다. 결국, 11월 11일 조광조는 중종으로부터 반정에 기여하지 않은 공신 76명을 삭훈削勳하라는 명령을 받아냈다. 100여 명의 공신 중 4분의 3을 물갈이한 것이다.

그러나 정국공신 개정은 조광조에게 돌아올 수 없는 다리가 되었다. 이 지시가 내려진 지 나흘 만에 기묘사화가 발생한 것이다. 사화 발생 직후 중종은 조광조의 고신告身(직첩)을 박탈하고 원방遠

方에 안치하는 처분을 내렸다가 12월 16일 유배지 능주綾州에서 사사賜死했다. 조광조는 사약을 받는 순간까지도 단충시丹衷詩를 남기며 충성심을 지켰지만, 중종은 조광조의 죽음을 전혀 슬퍼하지 않았다. 중종의 사사 결정을 기록한 사관은 중종의 태도 변화를 "예전에 총애하던 것에 비하면, 마치 두 임금에게서 나온 일 같다"고 평가했다.

중종은 공신 세력의 영향력을 배제하기 위해 조광조와 신진 세력을 기용했지만, 오히려 그들은 자신들의 학문과 도덕 정신을 무기로 왕권의 일탈을 교정하려 했다. 게다가 조광조는 "간언하는 선비는 먼저 군주의 총애를 확인해야 한다"라는 한비자의 충고마저 외면했다. 당시의 일을 기록한 사관도 "임금에게 이이訑訑한 성색聲色이 있다면 곧 물러났어야 했다"고 평가했다. '이이'란 자존심이 강해서 남의 말을 잘 듣지 않는다는 뜻이다. 결국, 조광조는 집요한 압박으로 자존심 강한 중종의 역린逆鱗을 건드려 화를 자초하고 말았다. 그러나 조광조는 선조 1년(1568)에 영의정으로 추증되었고, 광해군 2년(1610)에 문묘에 종사되었다. 정계에 몸담은 것도 4년 남짓에 불과했고 뚜렷한 학문적 업적도 남기지 못했지만, 정치의 원칙을 지키려 했던 그의 신념이 재평가된 것이다.

8

적서 차별 극복하고
가학을 전승하다,
이언적李彦迪 · 이전인李全仁 부자

1491~1553, 1516~1568

엇갈린 평가

이언적은 다만 충효한 사람으로 옛 서적을 많이 읽고 저술을 잘했을
뿐이다. 집 안에 있을 때 행실을 보면 부정한 여색을 멀리하지 못했고,
조정에 나가서는 도를 실천할 책임을 다하지 못했다. 을사사화 땐 직
언으로 항거하지 못하고 여러 차례 추관推官을 맡아 잘못된 공신록에
이름을 올렸다. 결국, 죄를 얻었지만, 역시 이마에 땀이 흥건할 일이
다. 어찌 도학자로 추존할 수 있겠는가. _《석담일기》, 명종 22년(1567)

과거 이이가 이언적을 평한 말 중에 불만스러운 뜻이 있었다는 것
을 들었다. 나는 개인적으로 탄식하기를. "지금 사람들이 아무 일도

벌어지지 않은 상황에서 옛사람의 잘잘못을 따지기를 매우 쉽게 하는데, 자기에게 일이 닥치면 어찌 옛사람의 발뒤꿈치에라도 미칠 수 있겠는가"라고 했다. _《晦齋集》, 附錄, 恭書御札答館學諸生疏後

위의 두 글은 이언적에 대한 엇갈린 평가의 극단적 예다. 앞엣것은 이이의 평가고, 뒤엣것은 류성룡의 평가다. 물론 이언적 자신과는 무관하지만, 두 평가에는 당색의 차이도 반영되어 있다. 이이의 평가 중엔 "이마에 땀이 흥건하다"라는 표현이 특히 혹독하다. 《맹자》 '등문공滕文公' 상편에 어떤 이가 돌아가신 부모를 구렁에 버렸는데 나중에 훼손된 시신을 보고 이마에 땀을 흥건히 흘리며 차마 똑바로 보지 못했다[其顙有泚 睨而不視]는 고사에서 나온 말이다. 을사사화 때 이언적의 행동이 그 정도로 몹시 부끄러운 일이었다는 뜻이다. 그러나 류성룡은 이언적이 그렇게 행동할 만한 이유가 있었고, 후배가 감히 탁상공론으로 잘잘못을 따질 일이 아니라고 두둔했다.

논란의 배경, 을사사화

논란의 배경이 되었던 을사사화는 인종과 명종의 왕위 계승을 둘러싼 대윤大尹과 소윤小尹의 권력 투쟁에서 시작되었다. 같은 파평 윤씨 가문에 속했지만, 윤임尹任(1487~1545)이 이끄는 대윤은 인종을 지지하는 세력이었고, 윤원로尹元老(?~1547) · 윤원형尹元衡

수고본
이언적이 명종 때 직접 쓴 저술 가운데 하나이다. 송의 주희가 지은 《대학혹문》에서 언급하지
않은 항목을 추가로 기록했다. (사진출처 문화재청 홈페이지)

(?~1565) 형제가 이끄는 소윤은 명종을 지지하는 세력이었다. 윤임은 중종의 제1계비繼妃 장경왕후가 낳은 왕자 호岵(인종)의 외숙이었고, 윤원로는 중종의 제2계비 문정왕후가 낳은 왕자 환峘(명종)의 외숙이었기 때문이다. 그래서 두 집안은 왕위계승자 선정을 둘러싼 주도권 경쟁에서 적대적일 수밖에 없었다.

선제공격을 시도한 쪽은 대윤이었다. 윤임이 김안로金安老 (1481~1537)와 결탁해 윤원로·윤원형 형제를 축출하려고 했다. 이들이 공동전선을 구축할 수 있었던 것은 김안로의 아들 김희金禧가 동궁(인종)의 누이(효혜공주)와 결혼했기 때문이다. 김안로도 윤임과 마찬가지로 동궁을 보호해야 하는 처지였던 것이다. 그러나 이들의 권력 투쟁은 뜻밖의 결과를 낳았다. 중종 32년(1537)에 김안로는 윤원로 형제를 유배 보내는 데 성공했지만, 김안로 자신도 문정왕후를 몰아내려다 사사되고 말았다. 양측 모두 피해를 보았지만, 치명상을 입은 쪽은 오히려 대윤이었다.

김안로가 사사된 후 조정에 복귀한 윤원로 형제는 동궁에게 아들이 없어 세자를 교체해야 한다는 소문을 퍼뜨렸다. 권력 장악을 위해 여론을 조성하려는 것이었다. 그러나 정국은 소윤의 뜻대로 흘러가지 않았다. 중종이 재위 39년(1544) 만에 왕위를 세자에게 물려준 다음 날 사망했고, 닷새 뒤에 인종이 창경궁에서 즉위했다. 대윤의 세상이 왔고 명분상의 이유로 인종의 즉위를 지지했던 사림의 정치적 지위도 강화되었다. 사림의 지지를 받던 이언적도 인종이 즉위하던 해에 우찬성(종1품)에 제수되었다.

그러나 대윤의 시대는 오래가지 않았다. 인종이 재위 8개월 만에 문정왕후의 아들인 경원대군에게 왕위를 물려준다는 유언을 남기고 승하하고 말았다. 그리고 12세의 나이로 즉위한 명종을 대신해 문정왕후의 수렴청정이 시작되었다. 문정왕후는 수렴청정 직후에는 대윤의 건의를 받아들여 윤원로를 해남海南으로 유배 보냈지만, 한 달 남짓 뒤에는 윤원형을 시켜 대윤 측 인사들인 윤임, 류관柳灌, 류인숙柳仁淑의 죄를 다스리라는 밀지密旨를 내렸다. 그리고 밀지가 내려진 다음 날 충순당忠順堂에서 이들 세 사람의 죄를 결정하는 논의가 시작되었고, 결국 이들에게는 참형이 내려졌다. 을사사화가 시작된 것이다.

유배지에서 쌓은 학문

당시 좌찬성이었던 이언적은 충순당 회의에 참석해 밀지라는 떳떳지 못한 방식으로 사건을 처리한 점을 문제삼긴 했지만, 결국은 윤임, 류관, 류인숙을 처벌하는 데 동조했다. 소윤이 주도하는 대세에 따른 것이다. 그는 이 공로를 인정받아 본인의 사양에도 불구하고 3등 위사공신에 책봉되었다. 그러나 명종 1년(1546) 8월 을사사화의 잔당을 색출해 처벌해야 한다는 논의가 일기 시작하면서, 이언적도 밀지의 부당성을 지적했다는 이유로 훈적勳籍과 관작官爵을 삭탈당했다.

이언적은 명종 2년(1547)에 발생한 양재역良才驛 벽서壁書 사건도 비껴가지 못했다. 양재역 벽서 사건은 부제학 정언각鄭彦慤이 양재역 벽에서 다음과 같은 익명의 붉은 글씨를 발견해 보고하면서 시작되었다. "여주女主가 위에서 정권을 잡고 간신 이기李芑 등이 아래에서 권세를 농간하고 있으니, 나라가 장차 망할 것을 서서 기다리게 되었다. 어찌 한심하지 않은가." 벽서에 언급된 여주란 문정왕후를 지목한 것이다. 사건이 발생하자 이기 등은 이를 을사사화의 잔당이 남은 증거로 간주했고, 이언적도 극변안치極邊安置 처분을 받았다.

그러나 이언적은 유배지였던 평안도 강계江界에서 필생의 학문적 업적을 쌓았다. 그는 59세 되던 해 명종 4년(1549)에는《대학장구보유大學章句補遺》와《속대학혹문續大學或問》을 집필했다. 또 60세 되던 해 8월에는 조선 예학禮學의 선구가 된《봉선잡의奉先雜儀》를 완성했고, 10월에는《구인록求仁錄》을 집필했다. 그해에 임금에게 올릴 생각으로 나라를 다스리는 요점을 정리해《진수팔규進修八規》를 지었지만, 결국 임금에게 올리지는 못했다. 63세 되던 해인 명종 8년(1553)에는《중용구경연의中庸九經衍義》를 집필하다가 완성을 보지 못하고 유배지에서 별세했다.

유배지를 찾아간 서자

유배지에서 이룩한 이언적의 학문적 업적이 세상에 알려지고 평

옥산서원
이언적의 위패를 모신 곳으로 경주시 안강읍에 있다. (사진출처 문화재청 홈페이지)

가될 수 있었던 것은 전적으로 그의 아들 이전인의 공이었다. 이전인은 이언적이 경주慶州 주학州學 교관이던 25세 때 석비石非를 통해 얻은 아들이었다. 원래 석비는 감포 만호 석귀동石貴童과 경주 관비官婢 족비足非 사이에 태어난 딸이었는데, 석귀동에 의해 속신贖身되어 이언적을 만났을 때는 이미 관비 신분에서 벗어나 있었다. 그런데 석비는 이언적의 아이를 밴 상태에서 경상도 수사水使 조윤손曹潤孫의 첩이 되었다. 결국, 이전인은 조씨 가문에서 태어나 성장하게 되었고, 조윤손은 이전인이 이언적의 아들인 것을 알았지만, 자신이 살아 있을 때는 그 사실을 아들에게 알려주지 않았다. 그래서 이전인도 오랫동안 조씨 성으로 살았다.

이전인이 자신의 친부가 이언적인 것을 알게 된 것은 조윤선이 죽은 뒤 어머니 석비를 통해서였다. 출생의 내력을 전해 듣고 곧바로 그가 찾아간 곳은 아버지의 유배지 강계江界였다. 서른두 살의 나이에 조윤선으로부터 물려받은 전 재산을 버리고 친부를 찾아 나선 것이다. 그 후 그는 아버지가 유배 생활을 하는 7년 내내 곁을 떠나지 않고 정성껏 모시며 학문도 익혔다. 그동안 그는 유배지에서 아버지의 학문적 성과를 직접 보고 배울 수 있었다. 이때 그가 부자간의 문답을 기록한 책이 《관서문답록關西問答錄》이다.

그런데 이언적은 본처인 박씨로부터 아들을 얻지 못했기 때문에 유배지에서 사촌 아우의 셋째 아들 이응인李應仁을 양자로 맞아 가문을 잇게 했다. 가문의 품격을 유지하려는 조치였다. 이언적은 유배지에서 재산도 정리했다. 선대로부터 물려받은 경주 양좌동良佐洞의 재산은 이응인에게 주었고, 별도로 일으킨 옥산동玉山洞의 재산은 이전인의 몫이 되었다.

가학의 전승

이언적이 이전인에게 재산을 물려준 것은 그가 그만큼 아버지를 착실히 모셨기 때문이다. 유배지에서 돌아가신 아버지의 시신을 고향으로 운구한 것도 이전인이었다. 탈상 뒤에는 강계에 남겨진 아버지의 유고와 손때 묻은 책들을 수습해 아들 이준李浚과 함께 정리했다. 명종 16년(1561)부터는 아들과 함께 이황을 찾아가 유고遺稿 교정과 행장行狀 집필을 부탁했다. 이황은 행장 끝에 이전인 부자가 이언적의 저술들을 보여준 덕에 이언적의 깊은 학문 세계를 깨닫게 되었다고 적었다. 이들은 이황에게 신도비명神道碑銘도 부탁했는데, 비명은 이황의 알선으로 기대승奇大升이 작성했다.

명종 21년(1566)에는 이언적이 올리지 못한 《진수팔규》를 임금에게 바치고 성의가 가상하다는 비답을 받았다. 결국, 이황은 선조 즉위년(1567)에 이언적의 복권을 주장하며 그의 학문의 깊이를 거론했다. 이전인 부자로부터 이언적의 저술들을 구해 읽었기 때문이다. 이언적의 문묘 종사 성사는 이황의 평가가 결정적인 요인이었다. 그리고 그것은 적서 차별의 족쇄를 차고서도 가학家學만은 잇겠다는 치열한 의지와 노력의 성과이기도 했다.

경주 양동 무첨당
이언적 종가의 일부로 조선 중기에 세운 건물이다. (사진출처 문화재청 홈페이지)

그런데 이황과 갈등을 빚었던 조식은 '해관서문답解關西問答'이란 글에서 이전인을 매우 부정적으로 평가했다. 조식에 따르면, 이전인이 조윤선에게 받은 이름은 옥강玉剛이었다. 옥강은 양부 조윤손이 죽었을 때 그가 남긴 재산이 탐나 생부를 찾지 않았다. 그래서 조식이 옥강에게 생부를 찾아가라고 꾸짖은 일이 있었다. 결국, 옥강은 조씨 가문에서 내쳐진 뒤에야 경주로 갔는데, 그때도 조윤손의 상복을 입은 채였다. 조식은 그런 옥강을 아비도 몰라보는 간사한 인간이라고 나무랐는데, 그 때문에 옥강이 원한을 품고《관서문답록》에서 자신에 대해 잘못된 기록을 남겼다고 주장했다. 조식은 조윤선과는 집안끼리 연이 닿는 사이이기 때문에 이전인의 출생과 성장 과정을 훤히 알고 있다고 했다. 조식의 주장이 맞는다면, 이전인은 생부를 만나고서 개과천선한 셈이다.

출처의 정치 미학

학자의 길, 정치가의 길

——————— 사대부란 사士와 대부大夫의 합성어이다. 사의 관심은 광범위한 독서를 통해 인문적 소양을 넓히는 것이고, 대부의 소명은 현실의 부조리를 정확히 진단해 적절한 해법을 제시하는 것이다. 사의 관심사가 개인적 차원의 것이라면, 대부의 소명은 공적 영역에 속하는 것이다. 공자 이래 유학의 고전적 이분법에 따르면, 전자는 수신修身의 문제이고, 후자는 치인治人의 문제이다. 사에게는 무엇보다 양심과 학문을 지키는 것이 중요하고, 대부에게는 정치적 소임을 다하는 것이 중요하다.

양심의 사수死守와 공리功利의 추구는 사대부의 피할 수 없는 숙명이다. 사대부란 한 몸에 두 가지 책임을 짊어진 사람들이다. 그들은 자신의 양심만 지키려고 학문하지 않았고, 학문과 수양은 공적 헌신의 전제 조건이었다.

조선의 사대부는 고려 말 공민왕 때 성균관 중흥을 계기로 등장했다. 그들은 당시로서는 새로운 학문인 성리학에 열광했고, 과거 시험을 통해 관리로 임명되어 쇠락해 가던 고려의 개혁에 참여했다. 정치가라면 학문과 실무 능력을 겸비해야 한다는 전통은 조선의 사대부들에게도 이어졌다. 조선의 설계자인 정도전도 학자와 관리는 분리될 수 없는 존재라고 생각했다. 정도전은 학자와 관리의 의미와 관계를 다음과 같이 설명했다.

> 일찍이 학자[儒]와 관리[吏]의 의미를 논한 바에 따르면, 몸과 마음에 도덕道德을 쌓는 자를 학자라 하고, 정치에 교화敎化를 베푸는 자를 관리라 한다. 그러나 쌓인 것은 베풂의 근본이며, 베풂은 쌓인 것에서 시작되니, 학자와 관리는 한 사람이며 도덕과 교화는 두 가지 이치가 아니다. 그런데 세도世道가 퇴락하면서 도덕은 사장으로 변하고 교화는 법률로 바뀌어, 학자와 관리가 구분되었다. [그래서] 학자는 관리를 속되다 배척하고, 관리는 학자를 썩었다고 나무라니, 세상에서 말하는 도덕과 교화는 모두 쓸모없는 물건이 되고 말았다. [그리고] 그 사이에 간혹 도덕[儒術]으로 정치[吏治]를 분식粉飾하는 자도 있으나 그 역시 자기 사욕만 채우려는 자에 불과하다.
>
> _《三峯集》, 卷3, 送楊廣按廉庚正郞詩序

그러나 동전의 양면과 같은 이 두 과제가 언제나 만족스럽게 충족되는 것은 아니다. 공자의 후예인 맹자에게도 이것은 골치 아픈 문제였다. 맹자의 해법은 의리義理와 사공事功을 모두 인정하는 것이었다. 그 해법은 다음의 대화에서 확인할 수 있다 《孟子》, 公孫丑 上).

공손추: 백이와 이윤은 어떤 사람입니까?

맹자: 그들은 걸어온 길이 서로 다르다. 섬길만한 임금이 아니면 섬기지 않고, 부릴만한 백성이 아니면 부리지 않아서, 다스려진 세상에는 나아가고 어지러운 세상에는 물러난 것은 백이의 길이었다. "누구를 섬기던 내 임금이 아니겠으며, 누구를 부리던 내 백성이 아니겠는가?"라며, 다스려진 세상에도 나아가고 어지러운 세상에도 나아간 것은 이윤의 길이었다.

맹자의 평가에 따르면, 백이는 천하가 맑아지기를 기다린 자였고, 이윤은 천하의 무게를 스스로 짊어진 자였다(《孟子》, 萬章 下). 막스 베버의 분류를 원용하면, 백이는 신념윤리에 충실했고, 이윤은 책임윤리에 충실했다. 그러나 문제는 열정과 책임감 사이에서 균형감각을 유지하는 것이다. 조선의 사대부들이, 비록 각자의 처지에 따라 서로 다른 방식을 채택하긴 했지만, 자신의 정치적 행보를 끊임없이 고민한 것도 이러한 진퇴進退 또는 출처出處 사이에서 중용을 취하려 했기 때문이다. 예컨대 이황과 김인후의 경우에는 세태에 대한 자신의 판단에 따라 진퇴를 반복했고, 조식은 평생 처사處士를 자처했다. 반면에 성혼과 이이는 당쟁의 소용돌이 속에서도 현실 정치가의 책무를 소홀히 하지 않았다. 물론 이들의 처신에 대한 주위의 곱지 않은 시선도 있었다. 그러나 현실 정치에 참여한 지식인들에게 당대의 평가보다 더 중요한 문제는 역사의 준엄한 심판이 기다리고 있다는 것이다.

9
내로남불은 없다,
이황 李滉
1501~1570

개결한 성품

이황은 진사 이치李埴의 8남매 중 막내로 태어났지만, 두 살 때 아버지를 여의고 편모슬하에서 성장했다. 어머니는 홀로 농사와 양잠으로 생계를 꾸려가면서도 자식들이 과부 자식 소리를 듣지 않도록 엄하게 가르쳤다. 그 덕에 이황은 6세 때 처음으로 이웃 노인에게 《천자문》을 배우기 시작했고, 12세 때 숙부에게 《논어》를 배웠으며, 20세 때는 침식을 잊을 정도로 《주역》을 탐독했다. 과거에 뜻을 두고 공부를 시작한 것은 아니었지만, 그는 어머니의 뜻에 따라 34세 때 대과에 급제해 벼슬길에 나섰다. 그 후 그는 43세 때 성균관 사성(종3품)에 임명될 때까지 순탄한 관직 생활을 이어갔다.

그러나 그는 본래부터 세상의 이곳에 밝은 사람은 아니었다. 그는 자기 집 담장 안으로 떨어진 밤톨 하나도 가동家僮이 주워 먹을까 봐 손수 주워 담 너머로 던졌던 사람이다. 그가 서울에서 세 살던 때의 일화다. 세상에서는 그의 이런 성품을 개결介潔하다고 평가했다. 개결하다는 말은 성품이 깨끗하고 올곧다는 뜻이다. 그의 성품이 이러하니 공명을 다투는 관직 생활이 즐거울 리 없었다.

반복되는 출처

결국, 이황은 성균관 사성에 임명된 직후 처음으로 은퇴를 결심했고, 52세 때 성균관 대사성(정3품)에 임명될 때까지 세 차례나 은퇴와 출사를 반복했다. 특히 46세 때 결행했던 두 번째 은퇴는 그전 해 일어났던 을사사화(1545)의 여파와 무관하지 않았다.

당시 이황은 을사사화를 주동했던 이기李芑의 주청으로 관직을 삭탈당했다가 평소 이황을 존경했던 이기의 조카 이원록李元祿의 도움으로 복직된 일이 있었다. 이 일이 있고 난 뒤 그는 학문에 매진할 것을 결심하고, 고향 시냇가에 양진암養眞庵이라는 작은 암자를 지었다. 암자를 지은 시내의 이름은 속명으로 토계兎溪였는데, 그는 '토兎' 자를 '퇴退' 자로 고쳐 자신의 호로 삼았다.

물러날 뜻을 연이어 내비쳤음에도 조정의 부름이 계속되자, 이황은 48세 되던 해에 외직을 자원해 단양 군수와 풍기 군수를 잇달아 지냈다. 그러나 50세 때는 군수직마저 버릴 결심으로 감사에게 세 번이나 사직원을 제출하고는 회답도 기다리지 않은 채 책 두어

퇴계 종택
원래 있던 집은 없어지고 1926~1929년 사이에 13대손 하정 공이 옛 가옥의 규모를 따라 새로
지었다. 경북 안동시 도산면 토계리에 있다. (사진출처 문화재청 홈페이지)

상자뿐인 단출한 행장을 꾸려 고향으로 돌아갔다. 이 일로 그는 임지를 무단이탈했다는 죄목으로 직첩(임명장)을 박탈당했다. 이때 그의 형 이해李瀣도 이기가 재상감이 아니라고 비판한 것 때문에 미움을 받아 곤장을 맞고 귀양 가던 중 숨을 거두고 말았다.

이황이 아무런 직책을 맡지 않았던 해는 51세 때뿐이었다. 그가 52세 되던 해에는 조정에서 다시 그를 홍문관 교리(정5품)로 불러들였고, 곧이어 성균관 대사성에 임명했지만, 지병을 이유로 사임했다. 그가 53세 되던 해에도 조정에선 그를 다시 성균관 대사성으로 임명했지만, 칭병하며 사임했고, 조정의 임명과 그의 사임은 그가 70세로 생을 마감할 때까지 계속되었다.

위기지학을 위하여

그렇다면 조정에서는 무엇 때문에 그를 한사코 불러들이려 했고, 이황은 무엇을 위해 거듭 사임을 고집했을까? 조정이 이황을 부른 이유는 명종 21년(1566) 이황의 66세 때 일화에서 단적으로 확인할 수 있다.

당시 임금은 "어진 이를 불러도 오지 않음을 탄식한다[招賢不至嘆]"는 글제를 신하들에게 내려 시를 짓게 했고, 화공을 시켜 이황이 은거하던 도산 풍경을 그리게 했다. 그리고 그림 위에 당대의 명필 송인宋寅을 시켜 이황의 '도산기陶山記'와 '도산잡영陶山雜詠'을 쓰게 한 뒤 병풍을 만들어 처소에 두었다. 위인지학爲人之學을 탐내

지 않고 위기지학爲己之學을 즐기던 그의 학문이 사익만 추구하던 당대 정치의 쇄신에 요긴하다고 판단했기 때문이다. 위인지학은 남에게 보이기 위해 공부하는 것이며, 위기지학은 사욕私慾이 자라나는 것을 끊임없이 경계하는 공부다.《논어》'헌문憲問' 편에 나오는 말이다.

이황이 은퇴를 고집한 이유도 위기지학을 실천하려는 의지 때문이었다.《주자서절요朱子書節要》(56세),《논사단칠정서論四端七情書》(59~66세),《심경후론心經後論》(66세),《성학십도聖學十圖》(68세) 등 주요 학문적 업적이 그가 관직에서 은퇴한 이후에 완성된 것도 위기지학을 이루려는 그의 열망이 노년에도 식지 않았기 때문이다. 특히 기대승奇大升(1527~1572)과 벌인 8년간의 논쟁을 엮은《논사단칠정서》에는 26세 연하의 젊은 학자에게도 불치하문不恥下問했던 그의 학문적 자세와 열정이 고스란히 담겨 있다.

항룡유회

특히《성학십도》는 17세의 어린 임금 선조에게 제왕의 길을 가르치려는 목적에서 저술한 것이었다. 이황이 강조했던 제왕의 길은 선조 1년(1568) 8월에 열린 경연에서 그 핵심을 확인할 수 있다. 68세의 원로학자 이황이 즉위한 지 갓 1년을 넘긴 선조에게 다음과 같이 말했다.

건괘乾卦의 상구上九(여섯 번째 효)는 지위가 지나치게 높아진 것입니다. 그러므로 귀하지만 지위가 없고, 높지만 백성이 없어, 항룡亢龍(높은 용)에겐 후회가 있다[亢龍有悔]고 하는 것입니다. 만약 임금이 숭고함을 자처해 어진 이를 홀대하고 자신만 성인인 체하거나 자신만 지혜롭다고 생각하며 세상을 마음대로 주무르려 하고, 아랫사람에게 자신을 낮추려는 의지가 없다면, 재앙을 맞게 될 것입니다. 임금께서 이것을 아신다면 큰 허물은 없게 될 것입니다.

_《선조수정실록》, 1년 8월 1일

《주역》의 건괘[䷀]는 용을 상징하고, 건괘를 구성하는 여섯 개의 효爻도 각기 다른 용으로 해석된다. 특히 건괘의 여섯 개 효 중에서는 다섯 번째를 가장 중정中正한 자리로 간주한다. 그래서 다섯 번째 효를 하늘에 있는 비룡飛龍이라 부르고, 주위의 대인大人으로부터 도움을 받으면 이롭다고 풀이한다.

반면에 중정의 도를 지키지 못하고 지나치게 높아진 여섯 번째 효를 항룡亢龍이라 부르고, 항룡에겐 후회가 있다고 풀이한다. 요컨대 이황은 어린 임금에게 자신을 낮추고 지식인들의 지혜를 겸허히 경청할 줄 알아야 항룡의 재앙에서 벗어날 수 있다고 경계한 것이다.

《주역》은 유학의 기본 경전이고, 경연은 임금 앞에서 경서를 강독하던 일상적인 제도였다. 그러니 그 자리에서 임금에게 항룡의

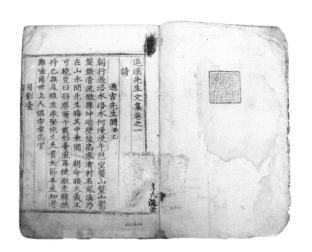

퇴계 선생 문집
그 내용이 풍부하고 방대한 분량의 책이다. 이를 편집하고 간행하는 과정에서 구축한 문집편
집의 방법과 성과가 조선 후기 문집의 편집과 판각의 전범典範이 되었다는 점에서 매우 중요
한 자료이다. (사진출처 문화재청 홈페이지)

재앙을 경계하는 것은 지극히 상식적인 발언일 수도 있었다. 그러나 이황이 살았던 시대를 염두에 둔다면, 임금에 대한 직언은 목숨을 건 매우 위험한 도박일 수 있었다.

이황도 목숨을 건 직언 때문에 화를 입은 지식인의 선례를 잘 알고 있었다. 기묘사화 때 희생된 조광조가 대표적인 경우였다. 그러나 이황은 유교 지식인이라면 모름지기 임금의 잘못도 바로잡을 수 있어야 한다는 책임감을 느꼈다. 그것은 유교 정치의 건강성을 담보하는 맹자 이래의 오랜 전통이기도 했다.

그래서 이황은 선조 즉위 직후 문묘 종사 논의가 재개되자, 중종에게 직언을 서슴지 않았던 조광조를 문묘 종사 대상자의 필두로 지목했다. 그리고 그다음 해에는 항룡유회亢龍有悔 운운하며 임금에게 자신을 낮추고 지식인의 지혜를 경청하라고 요구했던 것이다.

매화 향기처럼

그러나 이황에 대한 당시의 평가가 모두 긍정적인 것만은 아니었다. 특히 조식의 문인이었던 정인홍鄭仁弘은 광해군 3년(1611) 3월에 이른바 '회퇴변척소晦退辨斥疏'를 올려 회재晦齋 이언적과 퇴계 이황의 문제점을 지적하며, 이들을 문묘에서 퇴출하자고 주장했다. 이 상소에서 정인홍은 이황이 조식을 세 가지 점에서 비방한 것을 문제 삼았다.

이황이 조식을 비판한 논점은, 첫째로 상대방에게 오만하고 세상을 경멸했다는 점, 둘째로 높고 꼿꼿한 선비를 자처해 중도中道를 지키지 못했다는 점, 셋째로 노장老莊을 숭상했다는 점이었다. 이에 대해 정인홍은 이황이야말로 과거로 출신한 자로서 완전히 나아가지도 않고 완전히 물러나지도 않은 채 서성댔으면서도 중도를 지켰다고 자처하며 세상을 기롱했다고 비판했다. 동인이 남인과 북인으로 분열되던 당쟁의 와중에 벌어진 일이었다.

물론 조식도 이황을 비판했다. 이황이 죽음이 임박해 형의 아들 영審에게 유언을 남기며 예장禮葬을 사양하고, 비석 대신 조그만 돌 앞면에 '퇴도만은진성이공지묘退陶晚隱眞城李公之墓'라고만 새기라고 당부했던 때의 일이다. '퇴도만은'이란 도산陶山으로 물러난 만년晚年의 은사라는 뜻이다. 조식이 이 소식을 듣고 "퇴계는 이 칭호를 감당하기에 부족하다. 나 같은 사람도 은사라고 불리기에는 부끄러움이 있다"고 냉소했다.

물론 일생을 처사處士(벼슬을 하지 않고 초야에 묻혀 살던 선비)로 살았던 조식에 비하면, 이황의 삶은 처사로 불리기에는 부족한 점이 있다. 그 스스로는 물러나기를 원했지만, 조정은 끊임없이 그를 필요로 했고, 그도 때에 따라 그 요구에 부응해 지식인의 책임을 다해야 했다. 그러나 이황은 죽는 순간까지 개결한 성품을 지키려고 애썼다. 그는 숨을 거두기 닷새 전에 남에게 빌린 책들을 돌려보냈고, 나흘 전에는 화려한 장례를 삼가라는 간단한 유언을 남겼다. 그리고 별세한 당일에는 화분에 심은 매화에 물을 주게 하고 일어나 앉아서 편안히 운명했다. 만년의 이황이 어린 임금에게 제왕의 길을 가르칠 수 있었던 것은 그 자신이 세속의 공명을 좇지 않고 인격 완성에 평생을 매진했기 때문이었다.

10

천석종을 울리려고, 조식曹植

1501~1572

민심이 떠난 나라

전하의 국사가 잘못되어 하늘의 뜻도 인심도 모두 떠났습니다. 백 년 동안 벌레가 갉아먹어 진액이 다 말라버린 고목에 사나운 비바람이 언제 닥칠 지 모를 형국입니다. 조정에 충신이 없는 것은 아니지만, 낮은 벼슬아치들은 주색이나 즐기며, 높은 벼슬아치들은 뇌물챙기기에 급급할 따름입니다. 궁궐 안 신하들은 연못 속 용처럼 자기 세력을 끌어들이려 혈안이고, 궁궐 밖 신하들은 들판의 이리처럼 날뛰며 백성들을 핍박하고 있습니다. 신은 이 때문에 낮이면 하늘을 우러러 장탄식하고 밤이면 멍하니 천장을 쳐다보며 아픈 가슴을 억누른 지 오랩니다. 자전慈殿께서는 생각이 깊으시나 깊숙한 궁중의 과부寡婦에 불과하고, 전하는 어리시니 선왕의 고아孤兒일 따름입니다. 하늘의 재앙과 민심의 이반을 어떻게 감당하고 수습하시겠습니까? _《명종실록》, 10년 11월 19일

이 글은 명종 10년(1555) 11월 19일 조식이 단성丹城 현감에 제수되었을 때 올린 상소문의 일부다. 성년이 된 명종이 모후의 섭정을 물리고 친정을 시작한 지 이미 2년이 지난 때였다. 그런데 이 상소에서 조식은 명종의 어머니 문정왕후를 과부라 불렀고, 명종도 어린 고아라 일컬었다. 나라 형편은 거센 비바람을 맞고 있는 벌레 먹은 고목과 같은 형국인데, 사리사욕에 눈먼 관료들은 백성들을 겁박하는 데만 혈안이고, 과부와 고아가 주인이 된 왕실은 돌아선 민심을 되돌릴 능력이 없다는 비판이다. 물론 유학자들의 상소가 늘 그러하듯 조식의 상소에도 임금에 대한 충성 어린 제안이 담겨 있었다. 제안의 핵심은 모든 정치의 근본이 임금의 마음에 달려 있다는 것이었다. 그러나 상소의 최종 결론은 훗날 정사가 제대로 펼쳐질 때 마부가 되어 채찍을 잡을지언정 지금은 자신이 나설 때가 아니라는 것이었다.

조식이 출사를 거부한 것은 이때가 처음은 아니었다. 그는 중종 33년(1538)에 헌릉獻陵(태종의 능) 참봉(종9품)에 제수되었지만, 받아들이지 않았고, 명종 3년(1548)에 제수된 전생서 주부와 명종 6년(1551)에 제수된 종부시 주부도 모두 사절했다. 주부는 종6품 관직

조식 초상
한미한 양반 집안에서 태어났으나 조선 중기의 큰 학자로 성장하여 이황과 더불어 당시의 경
상좌·우도 사림을 각각 영도하는 인물이 되었다.

이다. 그리고 55세 때인 명종 10년(1555)엔 단성 현감직(종6품)을 사양했고, 59세 때엔 조지서 사지(종6품)에 임명되었으나 역시 받아들이지 않았다. 66세 때인 명종 21(1566)년에는 상서원 판관(종5품)으로 임명되었지만, 임금과 독대 후 실망해 사직했다. 그리고 마지막으로 69세 때인 선조 2년(1569)에는 그를 종친부 전첨(정4품)으로 불러들였지만, 사양하고 나가지 않았다.

이윤의 길, 안회의 길

조식이 일곱 번이나 임금의 부름에 응하지 않은 이유는 무엇일까? 그가 처음부터 출사에 뜻을 두지 않고 처사의 삶을 지향했기 때문일까? 물론 '조식 졸기'에도 기록되어 있듯이 세상에서는 그를 처사로 기억했고, 임종할 때 제자들에게 밝혔듯이 그 자신도 처사로 불리기를 원했다. 그러나 그가 처음부터 처사가 되기를 고집했던 것은 아니다. 그도 젊은 시절에는 여느 사대부가의 자제들처럼 과거 급제를 통한 입신양명의 길을 숙명으로 받아들였다. 그는 약관의 나이에 한성시漢城試 초시初試와 사마시司馬試 초시에 합격했고, 이후 여러 과거 시험에서 급제와 낙방을 거듭하며 나이 서른을 넘겼다.

10년 동안 과거에 매달렸지만 별다른 성과를 거두지 못하자, 조식은 자신의 문장이 과문科文(과거 시험의 문체)에 맞지 않는지 의심했다. 그래서 그는 평이하고 간결한 책을 구해 읽기 시작했고, 이때 마침 읽은 책 중 하나가 《성리대전性理大全》이었다. 그런데 우연히 읽은 이 책의 다음 한 단락이 그의 운명을 결정적으로 바꾸어 놓았다.

> 이윤伊尹이 뜻한 바에 뜻을 두고 안회顔回가 배운 바를 배워라. 벼슬길에 나아가면 크게 이룬 것이 있어야 하고, 물러나 은거하면 굳게 지킨 것이 있어야 한다. 장부라면 마땅히 이와 같이 해야 한다. 벼슬길에 나아가도 크게 이룬 일이 없고 물러나 은거해도 굳게 지킨 것이 없다면, 뜻을 품고 학문에 힘쓴들 장차 무엇을 할 수 있겠는가!
>
> _《性理大全》, 卷50, 力行

원나라 유학자 허형許衡의 말이었다. 스스로 술회했듯이, 조식은 이 글을 읽고 부끄럽고, 위축되어 정신을 잃을 정도로 충격을 받았다. 이제 과거 합격만을 위한 공부는 재고되어야 했다. 벼슬에 뜻을 둔다면 이윤과 같은 포부를 품어야 했고, 출사를 포기하고 은둔하려면 안회의 길을 따라야 했다. 그러나 어느 길이든 쉽지 않기는 마찬가지였다.

이윤이 추구한 길은 천하를 책임지는 길이었다. 이윤은 원래 노비 출신이었지만, 요리사가 되어 임금을 알현한 후 탕 임금의 천하 평정을 도운 인물이었다. 혹자는 그가 원래 처사였는데 탕 임금의 부름을 다섯 번 거절하고서 신하가 되었다고도 했다. 노비였든 처사였든 일단 출사를 결심한 이윤의 행보는 거칠 것이 없었다. "누구를 섬긴들 임금이 아니며, 누구를 부린들 백성이 아니겠는가! 다스려져도 나아가고 어지러워도 나아간다." 이것이 그의 출사의 변이었다. 맹자는 이런 이윤을 천하의 무게를 스스로 떠맡은 자라고 칭송했다.

안회가 추구한 길은 안분지족安分知足(제 분수를 지키며 만족할 줄 아다)하는 길이었다. 공자의 애제자 안회는 누추한 마을(누항, 陋巷)에서 가난하게 살았다. 그가 가진 것이라곤 한 그릇의 밥과 한 표주박의 물이 전부였지만, 그 즐거움을 무엇과도 바꾸지 않았다. 그래서 안회가 요절하자 공자는 하늘이 자신을 버렸다고 통곡했다. 안회는 안빈낙도安貧樂道(가난하게 살면서도 편안한 마음으로 하늘의 도리를 지키다)하는 처사의 전형이었다.

발운산이냐, 당귀냐

허형의 글을 읽고 충격을 받은 뒤, 조식의 선택은 안회가 추구한 삶으로 기울어져 갔다. 남긴 글이 많지 않은 조식이었지만, 안회를 기리는 글 '누항기陋巷記'를 짓고 삶의 좌표로 삼기도 했다. 그러나 이윤도 원래 처사였고, '누항기'에 언급된 순임금도 원래는 초야에 묻혀 살던 농부였다. 은둔은 처사가 지향해야 할 목표가 아니라 미래의 출사가 잠시 보류된 상태에 불과했다. 때와 의리에 맞으면 출사해야 하는 것이 은둔한 처사의 숙명이다. 다만 은둔에서 출사로의 전환이 쉽지 않을 뿐이었다.

조식은 나이 서른 무렵 과거를 포기한 후 일곱 번이나 출사를 거부했다. 그에게 내려진 벼슬이 그의 학문과 경륜을 펼칠만한 자리가 아니었기 때문일까? 이윤은 요리사가 되어 임금과 독대할 기회를 겨우 얻고 포부를 펼쳤는데, 능참봉 자리는 그럴만한 자리가 못 되는가? 물론 지위의 높고 낮음이 문제는 아니었다. 은둔한 자가 출사를 결심하기 위해서는 시기와 명분을 헤아리는 것이 중요하다. 이것은 조식에게도 고민거리였다. 조식의 고민은 동갑내기 유학자 퇴계 이황과 주고받은 편지에서도 읽을 수 있다. 1553년의 일이다.

조식이 전생서 주부에 제수되었지만 출사하지 않자, 이황이 이를 안타까워하는 편지를 보냈다. 그러자 조식은 자신이 눈병으로 사물을 제대로 분간하지 못하니 발운산撥雲散을 보내달라는 답장을 보냈다. 발운산은 눈병을 치료하는 안약이지만, 글자 그대로 해석하면 구름을 걷어내 흩어버린다는 뜻이다. 자신이 어리석어 세상을 제대로 분간하지 못하니 이황의 명철함으로 깨우쳐 달라는 요청이다. 출사하려면 명분이 필요하니 해답을 달라는 요청에 이황도 다시 답장을 보냈다. 발운산은 찾아보겠지만, 자신도 당귀當歸를 찾고 있는데 아직도 구하지 못했노라고. 당귀는 약초 이름이지만, 마땅히 돌아가야 한다는 뜻이기도 하다. 이황도 돌아갈 길을 찾고 있었던 것이다.

결국, 조식은 출사에 필요한 명분을 평생 찾지 못했다. 조식은

'엄광론嚴光論'에서 후한의 광무제를 피해 숨어 살았던 엄광에 대해 논평하며 다음과 같이 말했다. "용 잡는 기술자는 희생犧牲 잡는 부엌에 들어가지 않고, 왕도王道를 보좌할 자는 패도霸道에 발을 들이지 않는다." 처사의 상책은 기량을 맘껏 펼칠 수 있는 세상이 올 때까지 기다리는 것이다. 하물며 설익은 기량을 펼치려다 세상을 더 어지럽힐 수 있겠는가! 처사는 은둔한 뜻이 깊고 멀수록 스스로 채비도 철저히 해야 한다.

오장에 티끌이라도 남았거든

조식은 항상 몸에 방울을 차고 다녔다. 방울에 성성자惺惺子라는 이름도 붙였다. 성성이란 혼미하지 않게 깨우쳐 준다는 뜻이다. 청량한 방울 소리로 혼미한 정신을 깨우치려고 성성자를 차고 다녔던 것이다. 조식은 작은 칼도 차고 다녔는데, 공부하다 졸음이 오면 칼을 어루만지며 잠을 깨웠다. 그의 '줄기'에는 칼로 턱을 괴었다고 기록되어 있다. 칼에는 '내명자경 외단자의內明者敬 外斷者義'라는 여덟 자로 된 좌우명을 새겼다. '안으로 마음을 밝히는 것은 경敬이요, 밖으로 행동을 결단하는 것은 의義'라는 의미다. 처사에게는 자신의 결백을 지키는 것도 중요하지만, 세상에 정의를 실현할 결단력도 필요하다는 각오다. 조식은 은둔한 처사로 불렸지만, 칼날처럼 강인한 사람이었다. 처사 조식의 강인한 의지는 몇 수 짓지 않은 시에서도 드러난다.

• **냇물에 멱 감으며**

浴川

온몸에 찌든 사십 년 찌꺼기,

全身四十年前累,

천 섬 맑은 물에 싹 씻어버리라.

千斛淸淵洗盡休.

티끌이 혹시라도 오장에 남았거든,

塵土倘能生五內,

지금 당장 배 갈라 물에 흘려보내리라.

直今刳腹付歸流. _《남명집》, 詩

• **덕산 시냇가 정자 기둥에 쓰다**

題德山溪亭柱

천 섬들이 종을 보게나,

請看千石鍾,

크게 치지 않으면 소리 나지 않는다네.

非大扣無聲.

어찌하면 두류산처럼,

爭似頭流山,

하늘이 울려도 울지 않을 수 있을까?

天鳴猶不鳴. _《남명집》, 詩

조식은 내면의 경을 지키기 위해서라면 내장에 남았을 한 점 티끌도 용서하지 않았다. 외면의 의를 실천하기 위해서라면 천 섬들이 종만큼 큰 포부를 품었어도 크게 쓰일 만한 때가 아니면 함부로 나서지 않았다. 이것이 바로 은둔한 처사 조식이 지키려 했던 것이다.

11

시인이 꿈꾼
맑고 깨끗한 세상,
김인후 金麟厚

1510~1560

생파 까는 아이

• 하늘을 읊다

詠天

형체는 둥글며 지극히 크고 한없이 가물가물한데,

형원지대우궁현形圓至大又窮玄

넓디넓고 텅텅 비어 땅 가를 에둘렀네.

호호공공요지변浩浩空空繞地邊.

덮어 가린 그 가운데에 만물을 용납하니,

부도중간용만물覆幬中間容萬物

기 나라 사람은 어찌하여 무너질까 걱정했나.

기인하위공퇴련杞人何爲恐頹連.

_《河西集》, 卷6, 詠天

이 시는 김인후가 6세 때 지은 것이다. 어떤 손님이 하늘 천天 자로 내준 글제에 운韻을 청해 즉석에서 지은 시다. 5세 때부터 아버지에게서 주흥사周興嗣가 지은 《천자문》을 익힌 솜씨다. 하늘에 대한 묘사도 그럴듯하지만, 그것을 하늘이 무너질까 걱정했다는 기杞나라 사람 이야기에 빗댄 것은 더욱 절묘하다.

하지만 김인후가 처음 《천자문》을 배울 때는 글을 보기만 하고 묻는 말엔 전혀 대답하지 않았다. 아버지는 아이가 말을 못 해 그러는 줄 알았다. 그런데 어느 날 아이가 손에 침을 묻혀 창과 벽에 쓰는 것들이 모두 천자문의 글귀들이었다. 또 하루는 아이가 생파를 들고 겉껍질부터 차례대로 속심까지 벗겨내고 있었다. 그것을 본 아버지는 아이가 장난을 치는 줄 알고 나무라자, 아이는 파가 자라는 이치를 알고자 그랬다고 답했다. 기발한 아이였다.

사림파의 재목

8세 때는 전라도 관찰사로 부임했던 조원기趙元紀와 함께 시구詩句를 한 구절씩 주고받으며 연시聯詩를 완성했다. 조원기는 어린 김인후가 하도 기특하기에 기량을 시험하려고 관기를 시켜 아이를 안고 교방敎坊으로 데려가게 했다. 풍악이 시끄럽게 울리고 옷차림

이 휘황찬란한 광경에도 어린 김인후는 태연히 보기만 할 뿐 낯빛을 전혀 바꾸지 않았다. 기준奇遵은 아홉 살 난 김인후를 가리켜 세자世子의 훌륭한 신하가 될 자질이 있다고 칭찬했다. 기준이 말한 세자는 훗날의 인종을 말한 것이다. 김안국金安國은 열 살 난 김인후를 자신의 어린 친구[小友]라며 하은주夏殷周 삼대三代를 이끈 인물들에 버금갈 재목이라고 극찬했다. 조원기는 조광조의 삼촌이고, 기준과 김안국은 모두 중종 때 조광조와 뜻을 같이했던 사림파의 주역들이다. 어릴 적부터 글재주로 이름 날린 이 천재 소년은 일찌감치 사림파를 이끌 재목으로 지목되었다.

시를 잘 짓던 소년답게 13세 때 김인후는 '시를 배우지 않으면 남 앞에 설 수 없다[不學詩 無以立]'는 말을 좌우명으로 삼고 《시경》을 탐독했다. 이 말은 원래 공자가 아들 백어伯魚에게 시와 예를 배우라며 했던 말을 변형한 것이다. 《논어》의 원문은 '시를 배우지 않으면 사람들과 대화할 수 없고, 예를 배우지 않으면 남 앞에 설 수 없다[不學詩 無以言 不學禮 無以立]'고 되어 있다. 남 앞에 선다는 것은 자신의 개성과 인격을 드러내는 것인데, 어려서부터 김인후는 선비의 개성과 인격이 예보다는 시에서 드러난다고 생각했던 모양이다.

인종의 스승이 되어

김인후는 19세 때 성균관에 들어가 22세 때 사마시에 합격했다.

장성 백양사 백학봉

백양사 대웅전과 쌍계루에서 바라보는 백학봉 암벽과 숲 경관이 매우 아름다운 것으로 유명하다. 김인후를 비롯 이색, 정몽주 등이 탐방히여 시를 지었다고 한다. (사진출처 문화재청 홈페이지)

그 후 그는 여러 관직을 거쳐 34세 때 세자시강원 설서에 임명되었다. 세자 교육을 책임지라는 중종의 명에 따른 것이지만, 오래전 기준의 예언도 적중했다. 당시 김인후는 세자의 자질이 뛰어나 태평성대를 이끌 수 있을 것이라 확신해 성심껏 가르쳤다. 세자도 몸소 그린 묵죽도墨竹圖를 하사할 정도로 김인후를 각별히 대우했다. 그때가 중종 38년(1543) 4월이었고, 세자는 그 후 대략 1년 반 뒤인 중종 39년 11월에 즉위했다.

그런데 그해(1543) 1월에 동궁東宮에 화재가 발생해 방화범이 누구인지를 둘러싸고 논란이 벌어졌다. 당시 궁중에서는 윤원로의 소행이라는 소문이 돌고 있었다. 소윤小尹의 영수였던 윤원로는 문정왕후가 낳은 왕자 환峘(명종)의 외숙이었기 때문에 세자를 살해할 동기도 충분했다. 그러나 범인은 색출되지 않았고, 대윤과 소윤의 각축 속에 세자의 앞날도 한 치 앞을 내다보기 어려웠다.

그러자 그해 6월에 홍문관 부수찬으로 자리를 옮긴 김인후가 상소를 올렸다. 유학 전통의 재이론災異論을 동원한 상소의 논리는 이랬다. 첫째, 기묘사화 때 희생된 자들에 대한 신원伸冤이 제대로 이뤄지지 않았다. 둘째, 바른 선비들을 소학小學의 무리라고 배척하는 낡은 정치 풍토가 만연해 있다. 셋째, 그래서 하늘이 정치를 쇄신하라고 재앙을 내려 경고한 것이다. 요컨대 김인후는 사림 세력의 복권과 결집을 통해 세자를 보호하려 했다.

주군을 떠나보내는 마음

그러나 결국 김인후는 외척들이 주도하는 정치에 환멸을 느끼고 말았다. 그래서 그해 8월에 부모 봉양을 이유로 휴가를 청해 고향으로 돌아갔다가 12월에 옥과玉果(지금의 곡성) 현감으로 부임했다. 다음 해(1544) 11월에 중종이 승하하고 인종이 즉위하자 그를 조정으로 불러 제술관을 맡겼다. 그런데 이때 인종에게 병환이 생겨 김인후가 약 처방을 논의하는 자리에 참여하고자 했으나 내의원에서 그를 배척하는 일이 발생했다. 어려서부터 인종의 신하가 될 재목이라는 찬사를 받던 그였지만, 정작 그럴 기회가 오자 곁에서 모실 기회를 박탈당하고 만 것이다. 그러자 김인후는 곧바로 부모의 병환을 이유로 임지였던 옥과로 돌아갔다.

이후 김인후는 인종을 곁에서 모실 기회를 다시 얻지 못했다. 1545년 7월 인종이 재위 8개월 만에 갑작스러운 죽음을 맞았기 때문이다. 김인후는 인종의 승하 소식을 듣고 정신을 잃고 쓰러졌다가 병을 이유로 사직했다. 그 후 여러 차례 조정의 부름을 받았지만, 다시는 벼슬길에 나가지 않았다. 같은 8월에 을사사화까지 연이어 일어났기 때문이다. 인종을 모신 기간이 길진 않았지만, 그는 인종이 승하한 7월 1일이면 집 남쪽 난산卵山에 들어가 술을 마시며 밤새워 곡하기를 해마다 거르지 않았다.

김인후가 인종의 죽음을 애도한 글로는 '조신생사弔申生辭'와 '유소사有所思'가 있다. '조신생사'는 신생申生을 조문하는 글이라는 뜻이다. 신생은 진晉나라 헌공獻公의 태자였는데, 자기 아들 해제奚齊를 임금으로 세우려는 여희驪姬의 모함을 받아 죽었다. 김인후는 모함을 받은 신생의 죽음과 갑작스러운 인종의 죽음을 연결하려는 의도에서 조사弔辭를 지었던 것이다. '유소사'는 서른 살 인종과 서른다섯 살 김인후가 서로 만난 기쁨도 다 누리지 못했는데 갑작스럽게 이별하게 된 안타까운 심정을 노래한 시다.

소쇄원의 우정

김인후는 낙향 후 교육에 매진했다. 그는 학생들에게 먼저《소학》을 읽힌 다음《대학》을 권했는데, 자기 아들들에게도 10년 동안《소학》외에는 다른 책을 주지 않았다. 기묘 사림의 학풍을 계승시키려는 의도였을 것이다. 김인후의 학문은 40대 후반부터 결실을 보기 시작했다. 그는 48세 때 '주역관상편周易觀象篇'과 '서명사천도西銘事天圖'를 지었고, 49세 때는 기대승奇大升과의 '태극도설太極圖說' 토론을 통해 기대승이 이황의 학설을 비판하는 데 영향을 미쳤다.

김인후는 교육과 학문을 병행하는 틈틈이 술을 즐겼고 시도 지었다. 사람들이 보낸 술은 맛이 좋고 나쁘고를 가리지 않고 취하도록 마셨다. 아무리 천한 사람이라도 찾아와 시를 청하면 병중이나 재계齋戒할 때를 빼고는 거절하는 법이 없었다. 그런 그와 함께 술과 시를 즐겼던 제자 중에는 그의 사위 양자징梁子澂도 있었다.

양자징은 담양에 소쇄원瀟灑園을 지은 양산보梁山甫(1503~1557)의 아들이었다. 양산보는 15세 때 상경해 조광조의 문하에서 공부하기 시작했고, 17세 때 현량과에 합격했지만, 선발 인원이 너무 많다는 이유로 탈락했다. 그리고 그해(1519) 겨울에 기묘사화가 일어나자 곧바로 낙향해 별서정원別墅庭園 소쇄원을 조성하기 시작했다. 이곳에 조광조의 이상을 토론할 이름 그대로 '맑고 깨끗한 세상을 꿈꾸는 사람들의 도량道場'을 만들려는 것이었다. 최산두崔山斗에게 글을 배우러 다니던 김인후도 18세 때부터 오가는 길에 이곳을 들르곤 했다. 이곳에서 김인후와 양산보는 술잔을 기울이며 시를 주고받고 자식들의 혼인도 약속했다. 이 무렵 김인후가 지은 시가 '소쇄정즉사瀟灑亭卽事'였다. 소쇄원이 거대한 원림園林으로 조성되기 전 '소쇄정'이라는 작은 정자만 있을 때의 시였다. 그 후 김인후는 소쇄원을 드나들며 수많은 시를 지었다. 그중 백미는 소쇄원의 48가지 풍광을 읊은 '소쇄원 48영詠'이다.

술과 시를 즐겼고 만년에는 학문의 조예도 깊어갔던 김인후는 51세에 홀연히 세상을 떴다. 그러나 그는 문하에 걸출한 제자를 배출하지 못했고, 그 자신도 탁월한 학문적 업적을 남기지 못했다. 그를 위한 문묘 종사 논의도 정조 20년(1796)에야 본격적으로 진행되었지만, 당시 노론 세력이 성사시키고자 했던 문묘 종사 대상자는 조헌과 김집이었다. 반면에 노론에게 정국의 주도권을 빼앗기지 않으려는 정조는 김인후가 문묘 종사 대상자에서 빠진 것을 문제 삼았다.

정조는 5현(김굉필, 정여창, 조광조, 이언적, 이황) 뒤에 문묘에 종사된 인물들이 살아 있다면 김인후에게 문묘 종사를 양보했을 것이라며 김인후의 문묘 종사를 고집했다. 정조가 말한 5현 뒤에 문묘에 종사된 인물들이란 이이, 성혼, 김장생, 송시열, 송준길, 박세채 등이었다. 결국, 정조는 노론의 주장을 물리치고 김인후의 문묘 종사만을 허용했다. 그리고 김인후의 위패를 이이의 위패 앞에 배치하도록 결정했다. 김인후의 문묘 종사 성사는 정국의 주도권을 두고 노론 지식 권력과 벌인 경쟁에서 왕권이 승리한 결과였다.

12

검은 물 들여도
검어지지 않으려면,
성혼成渾

1535~1598

고매한 은사냐, 공명에 취한 정치가냐

젊어서는 은사隱士라는 명성이 있었으나 만년에는 공명에 취했다. 기축년 변고 때는 이발李潑, 이길李洁, 백유양白惟讓의 옥사를 구해주지 않았으며, 또 최영경崔永慶의 죽음도 앉아서 보기만 하고 구해주지 않았다. 당시 사람들이 모두 그를 미워했는데, 그가 간사한 정철鄭澈과 함께 악행을 저질렀기 때문이다. 아! 애석하도다.

_《선조실록》, 31년 6월 7일

천성이 매우 고매해 덕기德器가 일찍 이루어졌으며, 어릴 때부터 가정의 교훈을 마음에 간직해 실천했다. 일찍이 이황李滉을 존경하고 사모해 사숙私淑했다. 이이李珥가 평소 평가하기를 "만약 견해의 우월을 따지자면 내가 약간 낫지만, 행실이 돈독하고 확고한 것은 내가 따르지 못한다"라고 했다. 학문과 덕행으로 천거되어 여러 번 조정의 부름을 받았으나 매번 취임하지 않자, 임금이 더욱 후대하여 부르기를 그치지 않았다. 그가 힘써 사양하여도 받아들여지지 않아 간혹 서울에 부임하긴 했으나 항상 오래 머무르지 않아 조정에 있던 날짜를 통산하면 1년도 채 되지 않았다. 임진년 난리 때 이홍로李弘老의 모함을 받아 임금의 우대가 시들자 다시는 부름에 응하지 않다가 파산坡山의 옛집에서 졸했다. _《선조수정실록》, 31년 6월 1일

첫 번째 인용한 단락은 《선조실록》의 '성혼 졸기'에 붙은 사관의 평론이다. 《선조실록》의 졸기는 "전 찬성사 성혼이 졸했다"라고만 기록되어 있고, 그 뒤에 위와 같은 사관의 악평이 덧붙여 있다. 두 번째 인용한 단락은 《선조수정실록》에 기록된 그의 졸기 중 주요 부분을 발췌한 것이다. 성혼의 일생을 긍정적으로 평가했고, 논란이 되었던 그의 임진왜란 중 처신도 호의적으로 변호했다.

성혼에 대한 두 실록의 평가가 엇갈리게 된 이유는 《선조실록》은 광해군 때 북인 주도로 편찬되었고, 《선조수정실록》에는 인조 때 서인의 입장이 반영되어 있기 때문이다. 그 결과 북인은 성혼을 공명에 탐닉해 정쟁을 주도한 노회한 정치가로 평가했고, 서인은 그를 당색에 초연했던 학문과 덕행의 표상으로 묘사했다. 성혼에

대한 두 엇갈린 기록 중 진실에 더 가까운 판단은 어느 것일까? 역설적이지만, 진실의 실마리는 《선조실록》에 적힌 "젊어서는 은사라는 명성이 있었다"는 사관의 평가에서 찾을 수 있다.

의리를 굽혀 이익을 탐할쏘냐

성혼은 1535년 서울 순화방順化坊(종로구 창성동)에서 태어났고, 10세 때부터 아버지 성수침成守琛을 따라 파산의 우계牛溪(파주시 파평면 눌노리)에서 살았다. 그는 17세 때 감시監試에서 생원과 진사에 합격했지만, 병 때문에 복시覆試에는 응시하지 못했다. 이후 그는 과거 응시를 포기하고 학문에만 전념했고, 20세 때 한 살 연하의 이이를 만나 평생 학문과 정치의 동반자로 지냈다.

성혼은 34세 때(선조 1년, 1568) 처음으로 전생서 참봉(종9품) 벼슬을 받았다. 숨은 인재를 천거하라는 조정의 명에 따라 경기 감사 윤현尹鉉이 그를 추천했다. 그러자 이이가 추천을 만류했다. 성혼은 타고난 학자로 학문도 날로 진보하고 있는데, 갑자기 명예를 권유하면 오히려 수치가 될 것이라는 이유에서였다. 이이 말대로 성혼은 고지식한 학자였다. 하루는 정철의 생일잔치에 기생들이 끼어 있는 것을 보고 성혼이 빠지려 하자 이이가 "검은 물을 들여도 검어지지 않을 수 있어야 한다"라며 참여를 권유한 일도 있었다. 그만큼 이이는 성혼의 성품을 잘 알고 있었다.

원래 성혼은 공리功利를 추구한 사람이 아니었다. 그는 정치에 참여한 유학자라면 모름지기 임금의 잘못된 마음을 바로잡을 수 있어야 하고, 임금의 마음을 돌릴 수 없다면 속히 물러나야 한다고 믿었다. 그래서 그는 정치 선배 이이에게 임금의 마음을 얻지 못하면서 사공事功에 힘쓴다면 그것은 다만 왕척직심枉尺直尋이지 유학자의 도리가 아니라고 충고했다. 왕척직심이란 《맹자》에 나오는 말로 한 자尺의 정의를 굽혀 한 길尋(8척)의 이익을 얻으려 한다는 뜻이다. 유학을 공부한 정치가라면 아무리 큰 이익을 얻을 수 있더라도 의리를 굽혀서는 안 된다는 것이다.

그 후로도 성혼은 사헌부 지평(정5품)과 장령(정4품)을 포함해 여러 관직에 임명되었지만, 매번 부임하지 않거나 병을 이유로 사직을 거듭했다. 47세 때(선조 14년, 1581)는 또다시 관직을 사양하려 하자 선조가 그를 직접 불러들여 사정전에서 독대했다. 이때 성혼은 대도大道의 요체를 묻는 선조에게 거침없이 직언했다. 요점은 신하들이 임금의 잘못을 지적하면 임금은 이것을 겸허히 받아들여야 하며, 그러기 위해서는 사욕을 이기는 공부를 보통 사람보다 갑절로 해야 한다는 것이었다. 또 선조가 자신이 등용한 인물 중에 소인이 있느냐고 묻자, 임금의 마음을 어기지 않으려는 자는 많고 임금을 올바른 길로 인도하는 신하는 적다고 답하기도 했다. 선조도 겉으로는 성혼의 충고를 받아들이는 척했다. 그러나 성혼의 제안을 실행하자는 승정원의 요구에 선조는 결국 자신의 노한 속내를 드러내고 말았다.

성혼 선생 묘
성혼은 학문 성향에서는 이황을 지지하여 이이와 논쟁을 벌이기도 하였다. 경기도 파주시 소재. (사진출처 문화재청 홈페이지)

선조의 변덕

성혼이 본격적으로 국사에 참여한 것은 그의 나이 49세 때인 선조 16년(1583)이었다. 같은 해 7월에 이이가 국정을 농단하고 임금에게 불경했다는 이유로 삼사의 탄핵을 받자 성혼이 상소를 올려 이이를 구원했다. 이로 인해 이이와 성혼이 당을 결성했다는 비난이 들끓었다. 그러나 선조는 군자라면 당이 있는 것을 걱정할 것이 아니라 당이 적은 것을 걱정해야 한다며, 자신도 이이와 성혼의 당에 들어가기를 원한다며 응원했다. 결국, 그해 10월에 이이가 이조 판서로 복귀하면서 이미 이조 참의(정3품)에 임명된 성혼에게 함께 국정을 이끌어가자고 권유했고, 11월에는 이조 참판(종2품)에 임명되었다.

그러나 그의 정치 참여는 오래가지 않았다. 선조 17년 1월에 학문과 정치의 동반자 이이가 사망했기 때문이다. 결국, 성혼도 같은 해 7월에 말미를 얻어 파산으로 돌아갔고, 51세 때인 다음 해 9월에는 이이와 정철의 당에 가담했다는 이유로 양사兩司의 비난을 받자 자신을 스스로 탄핵하는 상소를 올렸다. 자신은 시골에 사는 몸으로 권세의 길과는 원래부터 인연이 없었고, 이미 병들어 언제 죽을지 모르므로 권세가와 결탁해도 아무런 이득이 없는데 붕당을 결성했으니 죄가 막중하다는 내용이었다. 이이 사후 동인과 서인 사이의 정치적 공방이 거세지던 와중에 벌어진 일이었다.

동인과 서인의 갈등은 선조 22년(1589)에 발생한 정여립鄭汝立의

난(기축옥사)으로 절정에 달했다. 정여립은 원래 이이의 제자였다가 동인으로 전향한 인물이었는데, 같은 해 10월에 서인 정권에 불만을 품고 모반을 일으켰다. 모반사건 자체는 정여립이 전북 진안鎭安의 죽도竹島에서 자결해 종결되었다. 그러나 이 사건을 계기로 서인은 동인을 대대적으로 숙청했고, 이발, 이길, 백유양, 최영경 등 동인의 주요 인사들이 처형당했다. 당시 선조는 "흉측한 성혼과 악독한 정철[凶渾毒澈]이 나의 어진 선비를 죽였다"라고 했는데, 동인들은 선조가 말한 어진 선비란 최영경을 지목한 것이라고 주장했다. 결국《선조실록》'성혼 졸기'에 붙은 사관의 비평은 최영경 등과 교분이 있던 성혼이 그해 11월에 이조 참판으로 복귀했음에도 불구하고 이들을 구원하지 않았던 것에 대한 동인들의 불만을 반영한 것이었다.

명분을 버리고 실리를 찾아서

성혼은 임진왜란 와중에 보인 처신 때문에 구설에 오르기도 했다. 선조 25년(1592) 4월 13일 왜구가 침입하자 그달 30일에 선조는 도성을 떠나 파주를 거쳐 임진강을 건넜다. 이때 임진강 나루에 당도한 선조는 파주 사람 성혼이 보이지 않자 그가 사는 곳을 물었고, 병조 낭관 이홍로는 성혼의 거처가 그리 멀지 않은 곳에 있다고 고했다. 결국, 성혼은 임금의 몽진 행렬이 자기 동네를 지나간다는 소식을 듣고도 마중을 나가지 않은 셈이 되었다. 이 때문에 성혼은 의주 행궁에서 임금을 만나 자신이 임진강으로 마중 나가지 못한 이유를 장황하게 설명해야 했다.

《선조수정실록》에는 이홍로의 모함으로 선조와 성혼의 사이가 틀어진 것으로 기록되었지만, 둘 사이의 틈이 벌어진 결정적 계기는 왜와의 강화講和에 대한 견해 차이였다. 선조 22년(1589)에 성혼이 왜와 강화를 주장한 이유는 세 가지였다. 첫째, 중국은 한 자의 조선 땅과 한 명의 조선 백성에 관해서도 관심이 없기 때문에 다시 대군을 출병시켜 조선을 구원할 의지가 없다. 둘째, 강화는 중국이 하는 것이고 우리나라와 관계없는 것이니 명분상 해로울 것이 없다. 셋째, 중국과 왜의 강화를 받아들인다는 것이 곧 조선이 원수를 잊어버린다는 의미는 아니다. 성혼은 현실과 명분 그리고 미래의 전략 차원에서 왜와의 강화를 주장했다. 그러나 선조는 성혼의 강화 주장을 탐탁히 여기지 않았고, 결국 이 일로 성혼은 임금의 눈 밖에 나고 말았다. 그리고 4년 뒤 그는 파산의 우계에서 별세했다.

"대인이라면 마땅히 임금의 그릇된 마음을 바로잡을 수 있어야 한다." 성혼은 맹자의 이 말을 지식인이 따라야 할 정치 행위의 준칙으로 여겼다. 그래서 그는 선조에 맞서 자신의 의견을 당당히 말했고, 유학자였지만 명분에 집착하지 않고 왜와의 강화를 주장했다. 그 결과 이 고집스러운 재야 지식인에 대한 평가는 당쟁으로 굴절되었고, 임금의 의지에 따라 표류했다. 그가 별세한 지 4년 뒤에 단행된 관작 삭탈은 정쟁의 소산이었고, 이이와 성혼의 문묘 종사가 종향從享, 출향黜享, 복향復享을 반복한 것은 숙종의 변덕에 휘둘린 결과였다. 그러나 권력자와 권력 구조에 의해 왜곡된 평가를 받게 된다고 해서 정치에 참여한 지식인이 대인의 길을 포기할 수는 없다. 동서고금을 막론하고 양식을 가진 정치가라면 마땅히 그래야 한다.

13

문제는 붕당이 아니라 공당의 부재다, 이이李珥

1536~1584

효심 깊은 천재 소년

중종 31년(1536) 12월 26일 한 천재 소년이 강릉 북평촌에서 태어났다. 어머니 사임당 신씨는 아이를 낳기 전날 검은 용이 침실로 날아드는 꿈을 꿨고, 그래서 아이 이름을 현룡見龍으로 지었다. 용의 기운을 받고 태어난 아이는 말을 배우자마자 곧바로 글을 읽었다. 3세 때는 석류가 어떻게 생겼냐는 외할머니의 질문에 "석류 껍질 속엔 부서진 붉은 구슬이 있네[石榴皮裏碎紅珠]"라는 고시古詩 한 구절을 기억해내 주위 사람들을 놀라게 했다. 7세 때는 진복창陳復昌을 권세만 높은 소인배로 평가한 평전을 지었는데, 결국 그는 을사사화의 주동자가 되었다.

이 천재 소년이 글에만 능했던 것은 아니다. 9세 때는《이륜행실록二倫行實錄》에서 당나라 사람 장공예張公藝의 9세 동거九世同居 대목을 읽고 형제가 부모를 받들고 함께 사는 그림을 손수 그려두고 감상하기도 했다. 장공예는 당나라 고종이 아홉 세대가 한집에 살 수 있는 비결을 묻자 '참을 인忍' 자 100개를 써서 바쳤다는 일화로 유명한 인물이다. 장공예를 흠모한 소년은 아버지의 병환이 위독해지자 자신의 팔뚝을 찔러 피를 내어 드리고 사당에 들어가 자신을 대신 데려가 달라고 간절히 기도했다. 일설에는 이때 기적적으로 살아난 아버지가 꿈속에서 신선을 만나 아이가 장차 위대한 유학자가 되리라는 예언을 듣고 아이의 이름을 이珥로 고쳤다고 전해진다.

효심 깊은 이 천재 소년에게 닥친 인생의 첫 번째 고비는 그가 16세 때 겪게 된 어머니 사임당 신씨의 죽음이었다. 그는 어머니의 상례와 제례를 주자가례朱子家禮에 따라 치르고 3년 동안 여묘廬墓살이를 했지만, 슬픔을 이기지 못해 밤낮으로 울부짖었다. 결국, 19세 때 입산을 결심하고 금강산에 들어가 불경을 익혔다. 그가 금강산에 머무를 때 승려들 사이에선 생불生佛이 나타났다는 소문이 돌기도 했다. 그러나 입산 1년 만에 불교가 이단임을 깨닫고 강릉으로 돌아갔다. 그리고 11개 조목으로 된 자경문自警文(스스로 경계하는 글)을 짓고 일생 성현의 가르침을 실천해 나가기로 결심했다.

소년 이이는 13세 때 진사 초시에 합격한 이후 더는 과거에 매달리지 않다가, 21세 때 다시 한성시에서 장원으로 뽑혔다. 29세 때는 7월과 8월에 열린 아홉 번의 과거에서 모두 장원을 차지해 '아홉 번 장원한 분[九度壯元公]'이란 별호를 얻으며 그의 천재성을 세상에 다시 알렸다. 그리고 같은 해에 호조 좌랑에 임명돼 관계에 발을 들이기 시작해서, 예조 좌랑, 사간원 정언, 이조 좌랑, 홍문관 교리 등을 거쳐 36세 때 이조 정랑에 제수되었다. 선조 4년(1571)의 일이었다. 다만 그때 이이가 정랑직을 실제로 맡지는 않았다.

이조 전랑이라는 자리

이이에게 제수되었던 이조 정랑(정5품)과 좌랑(정6품)은 비교적 낮은 관직이었다. 그러나 통칭하여 전랑銓郎이라 불리듯이, 관원을 천거하고 전형銓衡하는 데 실질적인 권한을 행사할 수 있는 직책이었다. 게다가 전랑은 전랑법에 따라 전임자가 후임자를 직접 추천할 수 있었기 때문에 특정 세력이 자파의 권력 기반을 안정적으로 유지하기 위해서는 반드시 차지해야 할 요직이었다.

이조 전랑 임명을 둘러싼 갈등은 이이가 정랑직 수행을 고사한 다음 해인 선조 5년(1572)에 시작되었다. 당시 전랑이었던 오건吳健이 자신의 후임으로 김효원金孝元을 추천하자 심의겸沈義謙이 이를 반대하고 나섰다. 오건과 김효원은 모두 조식의 문인이었고, 심의겸은 이이와 가깝게 지내는 사이였다. 거꾸로 선조 8년(1575)에는 전랑이 된 김효원이 심의겸의 아우 심충겸沈忠謙의 전랑직 임명에 반대하면서 두 세력 사이에 갈등의 골이 깊어지게 되었다.

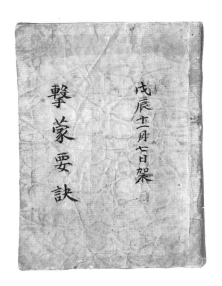

이이 수고본 《격몽요결》
이 책은 율곡 이이가 42세 때인 선조 10년(1577) 관직을 떠나 해주에 있을 때 처음 글을 배우는 아동의 입문교재로 쓰기 위해 저술한 것이다. 오죽헌 시립박물관 소장. (사진출처 문화재청 홈페이지)

당시 김효원은 한양 동쪽 건천동乾川洞에 살았기 때문에 김효원 일파를 동인東人이라 불렀고, 심의겸은 서쪽 정릉방貞陵坊에 살았기 때문에 그 일파를 서인西人이라 불렀다. 동인은 주로 이황과 조식의 문인들로 구성되어 있었고, 서인은 주로 이이와 성혼의 문인들로 구성되어 있었다. 동인과 서인의 구분은 단순히 사림세력 내부의 후배와 선배 또는 사는 곳의 구분이 아니라 학파에 따른 학문적 지향의 차이와 긴밀하게 연결되어 있었다.

전랑직을 둘러싼 사림세력 내부의 분열과 갈등을 처음 비판한 사람은 영의정 이준경李浚慶이었다. 그는 죽기 직전인 선조 5년에 붕당朋黨의 조짐이 보인다는 상소를 임금에게 올렸다. 이준경이 비난의 표적으로 삼은 대상은 심의겸 일파였다. 그러자 이이는 곧바로 이준경의 주장을 반박하는 상소를 올렸다. 상소의 핵심은 붕당의 결성 그 자체가 비난받을 일이 아니라 그 당이 공익을 지향하는 당인지 사익을 앞세운 당인지를 잘 분간해야 한다는 것이었다. 그리고 이준경이 붕당을 결성해 사론私論을 앞세웠다고 비판한 자들은 오히려 임금 사랑과 나라 걱정을 공론公論으로 모아 가려고 노력하는 자들이기 때문에 이들을 배척할 것이 아니라 이들의 사기를 진작시켜야 한다고 주장했다. 이준경의 상소가 붕당의 결성 자체를 비판하는 데 초점이 맞추어져 있었다면, 이이의 상소는 붕당의 공론 형성 기능을 긍정하는 데 초점이 맞추어져 있었다.

오죽헌
신사임당과 율곡 이이가 태어난 유서 깊은 집이다. (사진출처 문화재청 홈페이지)

공존의 정치를 위하여

선조 8년에 심의겸과 김효원의 대립이 격화되자 이이는 우의정 노수신盧守愼과 상의해 두 사람을 모두 외직으로 보내자고 제안했고, 선조는 두 사람을 각각 황해도 개성開城 유수와 함경도 부령富寧 부사로 임명했다. 두 사람 모두에게 잘잘못이 있다는 이이의 양시양비론兩是兩非論에 근거한 결정이었다. 그러나 양시양비론은 양쪽의 비판에서 벗어날 수 없었다. 우선 김효원을 지지하는 후배 사림들의 입장에서는 김효원의 부임지가 심의겸의 부임지보다 훨씬 멀고 험준한 지역이었기 때문에 그 결정이 달가울 리 없었다. 한편 이이와 절친했던 성혼도 이이가 시비를 정확히 가리지 않아 화를 키웠다고 평가했다. 양쪽의 논의를 조정하려 했던 본의와는 달리, 결국 이이는 서인의 영수로 지목되면서 정쟁의 소용돌이에 휘말리고 말았다.

본인이 정쟁의 표적이 되었음에도 불구하고, 이이는 양시양비론에 입각한 붕당 간의 화합, 즉 조제調劑할 수 있다는 신념을 버리지 않았다. 이이는 이 신념을 실현하기 위해서는 먼저 군자의 당과 소인의 당을 구분하는 붕당에 대한 전통적 인식을 바꿀 필요가 있다고 생각했다. 군자와 소인의 구분을 고집한다면, 자신의 당을 군자의 당으로 간주하고 상대 당을 소인의 당으로 간주하는 극단적 대결의식에서 벗어날 수 없다고 판단했던 것이다. 이 점에 대해 이이는 선조 12년(1579) 5월에 올린 상소에서 다음과 같이 말했다.

이이 초상
이이는 붕당의 공론 형성 기능을 긍정하고 붕당 조제론을 제기하였다.

이른바 조제한다는 것은 양쪽이 모두 사류士類이기 때문에 서로 화합시킬 수 있다는 것입니다. 만일 한쪽은 군자고 다른 한쪽은 소인이라면, 물과 불이 한 그릇에 있을 수 없고 향기로운 풀과 냄새나는 풀이 한 뿌리에서 날 수 없는 것과 같이 서로 용납할 수 없는 것입니다.

_《선조수정실록》, 12년 5월 1일

군자당과 소인당의 주관적 구별은 종국에는 국론 분열을 초래하기 마련이다. 그래서 이이는 상소의 말미에 '과격하여 갈라짐[激而分]'이 '패하여 없어짐[敗而盡]'으로 변해 나라가 망할 지경에 이를까 염려된다고 첨언했다. 그러나 건강한 나라를 운영하기 위해서는 공론을 만들어낼 수 있는 공당公黨의 존재가 필수적이다. 이이가 선조 16년(1583) 4월에 올린 상소에서 붕당을 미워하여 제거하려 하면 결국 나라를 망치는 데 이르게 될 것이라고 경고한 이유도 여기에 있었다.

하나이면서 둘이 되고, 둘이면서 하나가 되는 정치

이이가 군자당과 소인당의 구별에 집착하지 않고 공당의 건설적 기능에 주목했던 것은 그의 성리학에 대한 독창적 이해와 무관하지 않다. 흔히 성리학에서는 모든 존재의 근원과 현상을 이理와 기氣의 관계로 설명한다. 이의 독립성과 운동성을 강조하는 것이 주리론이다. 이황의 "이가 발동하면 기가 거기에 따르고, 기가 발동하면 이가 그것에 올라탄다[理發而氣隨之 氣發而理乘之]"는 입장이 여기에 속한다. 반면에 기의 운동성만을 인정하는 입장이 주기론이다. 이이는 이발理發과 기발氣發을 모두 인정한 이황의 입장[互發說]을 비판하고 기발만을 인정했다[氣發理乘一途說]. 주리론의 입장은 이와 기의 분리와 독립을 강조하지만, 이이는 이와 기는 하나이면서 둘이고[一而二] 둘이면서 하나[二而一]라고 주장했다. 이이의 이런 인식 틀을 붕당론에 적용하면 어떻게 설명할 수 있을까? 이이라면, 사림의 당은 색깔이 다른 두 개 이상의 당들로 나뉘어 있지만, 결국 그 당들은 경쟁을 통해 공론을 형성해 가는 공당이 되어야 한다고 풀이할 듯하다.

이이는 죽기 전날 문병 온 정철에게 인재 등용에 당색을 가리지 말라고 당부할 정도로 붕당 조제의 신념을 평생 지키고자 했다. 그러나 서인 중에도 쓸 만한 사람만 거두어 등용하고 동인 중에는 편벽되고 간사한 사람만 억눌러 등용하지 말자고 했던 그의 방식이 모두에게 중립적인 대안으로 여겨졌던 것은 아니다. 이이가 제시한 대안도 하나의 당론임이 분명했고, 적어도 동인의 입장에서는 서인에게 유리한 것으로 비쳤다.

그 결과 이이 사후 그의 문묘 배향도 숙종이 주도한 환국 정치의 소용돌이 속에서 집권당파에 따라 종향從享-출향黜享-복향復享을 반복하며 정쟁의 표적이 되는 운명을 겪을 수밖에 없었다. 자기 당의 분명한 색깔과 신념을 지키면서도 여러 당론을 보합保合하고 조제하여 국시國是로 모아가는 것은 과연 불가능한 일일까? 여기에서 우리는 상식에서 출발한 이이의 국시론에 주목할 필요가 있다.

국시란 온 나라 사람들이 서로 의논하지 않고도 모두 옳다고 여기는 것이다. 이익으로 유혹하는 것도 아니며, 권위로 위협하는 것도 아니지만, 삼척동자도 옳은 줄 아는 것이 국시이다.

제4부

위국헌신의 길

전란기의 지도자들

　　────────── 선조 20년(1587) 도요토미 히데요시[豊臣秀吉]가 쓰시마 도주對

馬島主 소 요시토시[宗義智]에게 조선 국왕을 일본에 '입조入朝'시키라고 명령

했다. 도요토미의 의도는 조선군을 선봉으로 삼아 명나라를 정벌하려는 것

이었다. 그러나 소 요시토시는 도요토미의 명령을 따를 수 없어 가신家臣 다

치바나 야스히로[橘康廣]를 보내 통신사 파견을 요청했다. 그러자 도요토미는

다치바나를 처형하고 선조 22년(1589)에 다시 소 요시토시를 보내 통신사 파

견을 요청했다. 결국, 조선 조정은 갑론을박 끝에 11월 8일 첨지 황윤길黃允

吉과 사성 김성일金誠一을 각각 상사와 부사로 임명하고, 이듬해 3월 6일 그

들을 일본으로 보냈다.

　　선조 24년(1591) 봄 귀국한 황윤길과 김성일의 보고는 제각각이었다. 황윤

길은 반드시 병화兵禍가 있을 것이라고 보고했지만, 김성일은 그러한 정황을

탐지하지 못했다고 반박했다. 그러나 김성일도 류성룡을 직접 대면한 자리

에서는 왜적이 동병動兵하지 않으리라 장담할 수 없지만, 민심의 동요를 우려해서 한 말이었다고 해명했다. 결과적으로 양측의 보고 모두 전쟁 대비의 필요성을 부정한 것은 아니었다.

임진왜란 발발 5년 전에 예고된 전운을 감지하지 못해 결국 조선은 명나라의 도움을 받아 전쟁을 치렀다. 그러나 그것은 또 다른 비극의 전주곡에 불과했다. 비극은 인조반정에서 시작되었다. 인조반정의 명분 중 하나가 위기의 번방藩邦을 재조再造해준 명나라에 대해 의리를 지키는 것이었기 때문이다.

명분을 지키기 위해 굴기崛起하는 후금을 외면한 결과는 인조 5년(1627)에 발발한 정묘호란이었다. 조선은 이 위기를 후금과 형제 관계를 맺고 벗어났다. 그러나 정묘화약丁卯和約에는 터지지 않은 뇌관이 남아 있었다. 중원 제패를 열망하던 후금이 현상 유지status quo를 원하지 않았기 때문이다. 결국, 1636년 대청제국 수립을 선포한 후금이 현상 파괴를 목적으로 조선을 침공했고, 다음 해 1월 30일 인조가 남한산성에서 출성出城해 삼전도에서 삼배구고두례三拜九叩頭禮를 치르며 항복했다. 삼배구고두는 세 번 절하면서 한 번 절할 때마다 세 차례 머리를 바닥에 내리찧는 행위이다. '고두kowtow'는 영어에서도 굴종을 의미하는데, 삼배구고두례는 그만큼 치욕적인 의식의 대명사였다.

1592년 임진왜란에서 시작해 1637년 정축화약丁丑和約으로 병자호란이 종결될 때까지 조선은 무려 45년간 전쟁에 시달렸다. 임진왜란 때는 남에서 북으로, 병자호란 때는 북에서 남으로 전 국토가 유린당했다. 특히 병자호란 때는 인조가 출성 항복하는 굴욕까지 당했다.

그런데도 나라가 망하지 않았던 것은 류성룡의 지적대로 전란을 견뎌낸 백성들의 희생과 애국심 때문이었다. 그리고 그 백성 중에는 정쟁의 소용돌이에 휘말지 않고 자신만의 방식으로 전쟁을 치른 지식인들도 있었다. 류성룡은 비극을 반복하지 않게 하려고 자신이 진두지휘한 전쟁을 기록으로 남겨 후세에 전했다. 조헌은 일본과 사신 왕래를 반대했지만, 전란이 발생하자 의병을 모집해 백성들과 함께 외적에 맞서다 순절했다. 철저한 예학자였던 김장생은 정묘호란 때 80세의 노구를 이끌고 의병을 일으켜 참전했다. 척화론자였던 김상헌의 방식은 나라의 자존심을 지키기 위해서는 결전도 불사해야 한다는 것이었고, 주화론자인 최명길은 훗날을 기약하기 위해서는 굴욕도 참아야 한다는 현실론으로 전쟁을 치렀다.

이들 모두가 각기 다른 방식으로 전쟁에 임했지만, 공통된 것은 위국헌신爲國獻身하는 지식인의 본분에 충실했다는 점이다. 특히 류성룡과 최명길이 당시엔 금기시되었던 양명학을 통해 유연한 사고를 갖게 되었던 것도 눈여겨볼 대목이다.

14

기록으로 치른 전쟁,
류성룡 柳成龍

1542~1607

하늘이 낸 아이

중종 37년(1542) 류성룡은 외가가 있던 의성義城에서 태어났다. 임신 중이던 어머니는 꿈에 어떤 사람이 하늘에서 내려와 "귀한 아들이 태어날 것이다"라고 한 예언을 듣고 아들을 낳았다. 류성룡은 4세 때부터 글을 읽을 줄 알았고, 6세 때는《대학》을 읽었다. 이 귀한 아들은 여섯 살 때 강물에 빠져 목숨을 잃을 뻔했는데, 갑자기 큰 물결이 일어 아이를 언덕 위로 안전하게 옮겨주었다. 유달리 총명했던 소년은 21세 때 퇴계 이황을 만나 여러 달 동안《근사록近思錄》등을 배우고 성리학에 전념하게 되었다. 이때 이황은 류성룡을 가리켜 "하늘이 낸 사람이다. 훗날 반드시 큰일을 할 것이다"라고 평가했다. 퇴계의 문도들에겐 이 평가가 류성룡에게 남인 집단의

165

영수領袖 자격을 부여하는 선언과도 같았다.

그러나 남인의 영수라는 꼬리표 때문에 그는 북인과 서인으로부터 협공을 받기도 했다. 예컨대 북인 집권기에 편찬된 《선조실록》의 '류성룡 졸기'에는 그의 인품을 "규모가 좁고 마음이 군세지 못해 이해가 눈앞에 닥치면 반드시 흔들렸다"라고 평가했다. 또 서인 집권기에 편찬된 《선조수정실록》의 졸기에도 "국량이 협소하고 지론持論이 넓지 못했다"라는 평가가 실려 있다. 요점은 지론이 편협했고, 위기 대처 능력을 갖추지 못했다는 것이다. 과연 그럴까?

양명학과 조우하다

먼저 그의 학문부터 짚어보자. 그는 이황의 문하생이었지만, 성리학만 고집하지 않고 양명학에도 관심을 가졌던 통유通儒(세상사에 통달하고 실행력이 있는 유학자)였다. 그는 자신의 문집에 양명학을 처음 접하게 된 계기와 그 후의 오랜 관심을 다음과 같이 정리해 두었다.

내가 17세 때 아버지를 따라 의주義州에 갔었다. 때마침 사은사 심통원沈通源이 연경燕京에서 돌아왔는데, 가져온 짐바리가 너무 많았다. 이 때문에 그는 대간의 탄핵을 받고 파직을 당하게 되었다. 결국, 그는 압록강 가에 짐바리를 내버리고 갔는데, 짐 보따리 속에 양명陽明의 문집이 있었다. 양명의 글이 아직 우리나라에 들어오지 않았던 시절이다. 내가 그것을 발견하고 너무 기뻐서 아버님의 허락을 받아 글씨 잘 쓰는 아전을 시켜 베껴 두었다. 그리고 상자에 담아 소중하게 간직한 지 어느덧 35년이 흘렀다. _《西厓全書》, 卷18, 書陽明集後

실제로 류성룡이 아버지를 따라 의주에 갔던 것은 14세 때였다. 류성룡 연보의 기록이다. 그리고 실록에는 그다음 해인 명종 11년(1556)에 심통원이 과도한 짐바리 때문에 대간의 탄핵을 받은 사건이 기록되어 있다. 두 기록을 종합해보면 심통원이 버리고 간 짐보따리 속에서 류성룡이《양명집》을 발견한 것은 15세 때였을 것이다. 그때 발견한《양명집》은 임진왜란의 와중에 류성룡의 옛집과 서적들이 불탔을 때도 온전히 보존되었다. 그래서 그는 35년(실제로는 37년) 전의 기억을 더듬어 갖고 있던《양명집》 뒤에 소장 내력을 정리해 두었다. 그의 나이 52세 때인 선조 26년(1593) 9월 8일의 기록으로《서애집》에 실려 있다.

금서라도 배울 점이 있다면

물론 류성룡이 양명학을 비판했던 증거도 여럿 있다. 그가 28세 때 성절사의 서장관으로 발탁돼 연경을 다녀왔는데, 이때 양명학에 기울어져 있는 명나라 태학생들의 학문 태도를 논박했다는 기록도 그중 하나다. 또 29세, 30세 무렵엔 육구연陸九淵의 상산학象山學에도 관심을 가졌다가 부친상을 당한 32세 이후엔 주자학에만

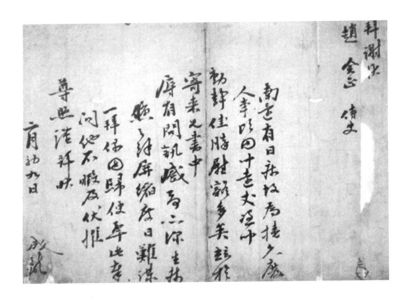

류성룡 편지
류성룡은 4세 때부터 글을 읽을 줄 알았고, 6세 때는 《대학》을 읽었다. 유달리 총명했던 소년
은 21세 때 이황을 만나 여러 달 동안 《근사록》 등을 배우고 성리학에 전념하게 되었다.

매진했다는 자신의 술회도 있다. 그러나 류성룡은 어린 시절 우연히 입수한《양명집》을 평생 소중히 간직했다. 게다가 그는 63세 때도 《양명집》을 읽고 독후감과 시 두 수를 남겼다. 물론 내용은 양명학에 대한 비판적 입장을 드러낸 것이지만, 그에게 《양명집》은 만년까지도 읽고 또 읽을 정도로 중요한 독서 대상이었다.

사실 양명학과 양명학 관련 서적은 적어도 조선에선 금기의 대상이었다. '전습록논변傳習錄論辯'을 써서 양명학을 비판했던 이황의 영향이 컸다. 이황의 제자였던 류성룡도 양명학을 비판하는 대열에선 예외일 수 없었다. 그러나 류성룡은 양명학을 무조건 배척하지만은 않았다. 이황의 문인 조목趙穆이 류성룡에게 양명학에 빠져 있다고 비판하자, 류성룡은 "강서江西의 학문은 한가롭게 세월이나 보내는 자들이 미칠 수 있는 바가 아니다"라고 응수했고, 조식의 문인 김우옹金宇顒의 비슷한 비판에 대해서도 "강서의 학문이 정신적으로 깨달은 장점은 쉽사리 감출 수 없어서 옛 성현들도 취했던 것"이라고 답했다. 강서의 학문이란 남송의 육구연이 강서 금계金溪 출신이기 때문에 붙여진 것인데, 육구연과 왕양명의 학문을 통칭한 육왕학陸王學의 별칭으로 쓰이기도 했다. 요컨대 류성룡은 양명학에 대한 비판적 관점을 유지하면서도 주자학의 단점을 보완할 수 있는 양명학의 유용성을 군이 배척할 필요는 없다고 판단했던 것이다.

유연한 실무 능력

양명학의 장점을 취하려 했던 류성룡의 개방적 학문 태도는 관리로서 실무를 처리하는 정책적 유연성에서 유감없이 발휘되었다. 류성룡은 25세 때 문과에 급제한 후 권지승문원부정자(종9품)에 임명되면서 관직에 첫발을 내딛기 시작했다. 그 후 류성룡은 정9품직인 예문관 검열, 춘추관 기사관을 거쳐, 28세 때부터 정6품직인 성균관 전적, 공조 좌랑, 사헌부 감찰, 홍문관 수찬, 사간원 정언, 이조 좌랑, 병조 좌랑 등을 두루 역임했다. 35세 때부터는 정5품직인 홍문관 교리, 사간원 헌납, 의정부 검상을 지내다가 정4품직인 사헌부 장령, 홍문관 응교 등을 지냈고, 38세 때부터 정3품직인 홍문관 직제학, 홍문관 부제학, 사간원 대사간, 승정원 도승지, 홍문관 부제학 등을 지냈다. 47세 때부터는 정2품직인 형조 판서, 병조 판서, 이조 판서 등을 지냈고, 49세 때 의정부 우의정(정1품)에 임명되었다. 50세 때는 좌의정(정1품)으로 승진했는데, 이때 형조 정랑(정5품)이던 권율權慄과 정읍 현감(종6품)이던 이순신李舜臣을 각각 정3품직인 의주 목사와 전라좌도 수군절도사에 임명했다. 통상적인 절차를 뛰어넘는 파격적인 인사였지만, 결과적으론 류성룡의 사람 보는 안목과 미래를 예견하는 혜안이 입증되었다. 임진왜란이 발발하기 한 해 전의 일이다.

류성룡이 승진에 승진을 거듭하며 조정의 주요 요직을 두루 거칠 수 있었던 것은 그의 탁월한 실무 능력을 선조가 높이 샀기 때문이다. 그가 관리로서 보여준 탁월한 능력에 대해서는 임진왜란 때 그를 도와 업무를 처리했던 신흠申欽도 다음과 같이 증언했다.

> 이재吏才란 문서를 처리하는 재주니 별로 귀할 것이 없다. 그러나 재상으로 이재를 갖추는 것 또한 어려운 일이다. 임진壬辰·계사癸巳년에 왜구가 국내에 깔렸고 명나라 군사가 성에 가득 차 있던 때에 급한 보고와 통첩들로 내왕하는 문서가 매번 산더미처럼 밀렸다. 공(류성룡)이 관청에 들어오면 항상 속필인 나(신흠)에게 집필하게 시켰는데, 입으로 부르면 글이 되었다. 여러 장의 글을 풍우같이 빨리 불러서 붓을 쉴 새 없이 놀려 쓴 글이었건만 고칠 것 없이 찬란한 문장이 되었다. 명나라에 보내는 자문咨文과 주문奏文도 마찬가지였으니 참으로 기이한 재주였다. _《象村稿》, 卷55, 春城錄

류성룡은 이황에게 극찬을 들을 정도로 학문도 성숙했지만, 관리로서 갖추어야 할 실무 능력도 뛰어났다. 그의 실무 능력은 임진왜란이라는 국난을 맞아 전시 행정을 총괄하는 영의정으로서 그리고 군무軍務를 책임지는 도체찰사로서 위기를 관리하는 과정에서 탁월하게 발휘되었다. 물론 임진왜란은 류성룡 이외에도 수많은 전쟁 영웅들을 탄생시켰다. 그러나 류성룡은 그들과 다른 자신만의 방식으로 전쟁을 치렀다. 그것은 기록과의 전쟁이었다.

징비, 미래를 위한 기록

그는 전쟁을 치르는 동안 수많은 첩보 보고와 전략 기획, 정책 제안 등을 작성했고, 그것들을 모아《근폭집芹曝集》,《진사록辰巳錄》,《군문등록軍門謄錄》에 수록했다. 모두 후세들에게 자신이 겪은 전쟁의 교훈을 남겨주기 위한 것이었다. 류성룡의 언어로 표현하자면 그것은 '징비懲毖'였다. 징비는《시경》'주송周頌 소비장小毖章'에 나오는 "나의 오늘 잘못을 징계하여 뒷날의 환난에 대비한다[予其懲而 毖後患]"는 구절에서 가져왔다. 그 징비의 뜻을 모아 전란의 전모를 기록한 책이 바로《징비록懲毖錄》이다.

류성룡은《징비록》을 애국심으로 썼다. 그러나《징비록》에 담긴 애국심은 그만의 것이 아니라 백성들의 것이었다.《선조수정실록》25년 5월 기사에 류성룡의 다음과 같은 말이 있다. "임금의 수레가 우리나라 밖으로 한 걸음만 떠나도 조선은 우리 땅이 아닙니다." 그래서 그는《징비록》서문에서 임금이 수도를 버리고도 나라를 지킬 수 있었던 것은 하늘이 도왔기 때문이고, 백성들의 조국을 사랑하는 마음이 그치지 않았기 때문이라고 썼다.

그러나 애국심도 정쟁 앞에서는 무력했다. 1598년 9월 정유재란이 끝나갈 무렵 북인들은 류성룡을 두 가지 이유로 탄핵했다. 하나는 류성룡이 변무辨誣(무고를 변명함) 사행을 거부했다는 것이다. 변무할 내용은 조선이 일본과 결탁해 요동을 차지하려 한다는 명나라 사신 정응태丁應泰의 허위 보고였다. 다른 하나는 류성룡이 일

안동 하회 충효당
서애 류성룡의 집. 현판은 명필가 허목이 쓴 것이라고 한다. 경북 안동시 풍천에 있다.
(사진출처 문화재청 홈페이지)

본과 화친을 주장해 나라를 그르쳤다[主和誤國]는 것이다.

  류성룡의 입장에서는 변명거리도 안 되는 정치적 구실들에 불과
했다. 그러나 결국 류성룡은 진실을 가리지 못한 채 그해 11월 19
일에 파직되었다. 같은 날 이순신은 노량해전을 승리로 이끈 후 전
사했다. 12월에 그는 관직을 삭탈당하고 고향으로 돌아가 전쟁 기
록을 정리했다. 류성룡은 후세에 교훈을 주기 위해 전쟁을 기록했
지만, 그 교훈을 망각한 조선은 불과 30년 만에 북쪽 변방에서 시
작된 또 다른 전란을 맞아야 했다. 그것은 역사의 교훈을 망각한
민족에게 닥친 피할 수 없는 숙명이었다.

15

지식인의 사명, 의병장 조헌 趙憲

1544~1592

고집 센 아이

에피소드 #1

동네 아이들이 낚시하려고 연못가에 모여 있었다. 그중 한 아이가 연못물을 퍼내면 고기를 많이 잡을 수 있다고 제안했다. 아이들이 힘을 합쳐 물을 퍼냈지만, 해 질 녘이 되어도 연못물은 마를 줄 몰랐다. 싫증 난 아이들은 집에 갔다가 내일 다시 하자고 졸랐다. 그러나 그대로 멈추면 밤새 물이 다시 찰 것은 뻔한 이치였다. 그래서 제안자였던 그 아이는 아이들을 달래가며 밤새 물을 퍼내고서 다음 날 고기를 잔뜩 잡아 집으로 돌아갔다.

에피소드 #2

어느 날 한 선비가 보령保寧의 객사에 들었다. 마침 이상사李上舍란 이도 그 객사를 찾았는데 빈방이 없었다. 이상사는 선비의 행색이 매우 초라한 것을 보고 다른 숙소를 찾아 나서려 했다. 이때 그 선비가 이상사를 불러 세워 두 사람이 함께 묵게 되었다. 숙소에 든 선비는 관솔불을 밝혀 책을 읽으며 이상사에게도 이이의 《격몽요결》을 베껴 건네주었다. 두 사람이 함께 묵는 며칠 동안 선비는 손에서 한시도 책을 떼는 법이 없었다. 이상사가 선비의 말에 실린 짐 보따리를 살펴보니 과연 책과 관솔뿐이었다. _《重峯集》, 附錄4, 遺事

두 에피소드의 주인공은 임진왜란 때 의병장으로 활약한 조헌이다. 조헌은 고집 세고 통솔력이 강한 아이였지만, 집안 형편은 언제나 넉넉지 않았다. 임종을 맞이한 아버지가 소고기를 찾았을 때도 가난 때문에 마련해 드리지 못할 정도였다. 이 일은 그가 평생 소고기를 입에 대지도 않을 정도로 한이 되어 남았다.

그러나 조헌은 가난 속에서도 열심히 글을 읽었다. 아버지의 분부 때문이었다. 5세 때 아이들과 함께 《천자문》을 배울 때는 고관의 떠들썩한 행차에도 아랑곳하지 않고 홀로 글에만 집중했다. 이를 본 고관은 일부러 조헌의 아버지를 찾아가 아이가 훗날 큰선비가 될 재목이라며 칭찬을 아끼지 않았다. 조헌은 매일같이 손수 땔감을 마련해 부모님 방에 불을 때면서 그 불빛으로 책을 읽었다.

밭농사를 지을 때는 밭두렁에 막대를 걸쳐 서가書架를 만들고 쉴 때마다 글을 읽었다.

시류에 영합할 수 없다

먹고 자는 것을 잊을 정도로 공부에 몰두한 조헌은 22세 때 성균관에 입학했다. 명종 20년(1565) 당시는 요승妖僧 보우普雨를 탄핵하는 성균관 유생들의 상소가 매일같이 올라오던 시절이었다. 그때 조헌도 다른 유생들과 함께 대궐 문 앞에 엎드려 복합伏閤 상소를 하고 있었는데, 다른 유생들과 달리 유독 그만 온종일 바르게 앉아 자리를 뜨지 않았다. 2년 뒤 문과에 급제한 조헌은 교서관 부정자(종9품)를 거쳐 정주목, 파주목, 홍주목의 교수를 지내며 이이, 성혼, 이지함李之菡 등의 가르침을 받았다.

조헌은 29세 때 교서관 정자(정9품)에 임명되었다가 곧바로 관직을 삭탈당했다. 입으로는 성현의 글을 읽으면서 손으로는 부처에게 봉향奉香하는 왕실의 관행을 용납할 수 없다며 상소를 올렸기 때문이다. 30세 때는 교서관 저작(정8품)에 임명되었는데, 이때도 그는 부처에 대한 봉향을 반대하는 상소를 다시 올렸다가 선조의 노여움을 사고 말았다.

그러나 조헌의 자질을 인정한 선조는 그에게 여러 직책을 두루 맡겨 관직 경험을 쌓게 했다. 그 덕에 그는 31세 때 질정관을 맡아 명나라에 다녀왔고, 32세 때는 교서관 박사(정7품), 호조 좌랑(정

조헌 신도비
조헌의 생애와 최후 격전지였던 금산싸움에 관해 적혀 있다. 인조 27년 좌의정 김상헌이 글을
짓고, 이조판서 송준길이 글씨를 썼다. 충북 옥천에 있다. (사진출처 문화재청 홈페이지)

6품), 예조 좌랑, 성균관 전적(정6품), 사헌부 감찰(정6품)을 거쳐 통진通津 현감(종6품)에 임명되었다. 그런데 통진 현감으로 재직한 지 2년 만에 조헌의 강직한 성품이 또다시 사달을 내고 말았다. 말썽을 부리던 궁노비를 장형杖刑으로 다스리다 죽음에 이르게 한 것이다. 이 때문에 그는 부평富平에서 3년간 귀양살이를 했고, 아버지의 죽음도 유배지에서 맞아야 했다.

37세 때 유배에서 풀려난 후 조헌은 다음 해부터 공조 좌랑, 전라도사(종5품)를 거쳐 39세 때부터 보은報恩 현감을 맡아 선정을 베풀었다. 당시 경차관 이산보李山甫가 호서 지방의 민정을 시찰하고 그 결과를 임금에게 보고했다. 그때 이산보는 충청 우도右道에는 잘 다스리는 수령이 없지만, 좌도左道에는 조헌이 가장 탁월하다고 평가했다.

지부상소

그러나 시류時流에 타협하지 않는 강직한 성품 때문에 그는 탄핵의 대상이 되기도 했다. 선조 16년(1583) 10월에는 사간원 정언 송순宋諄이 조헌을 파직하라고 주청했던 일도 있었다. 조헌이 각박하게 일을 처리해 백성들이 흩어지고 있다는 이유에서였다. 처음에 선조는 이산보의 평가에 따라 조헌과 같은 사람을 쉽게 얻을 수 없다며 파직을 윤허하지 않았다. 결국, 다음 해 겨울에 대간에서 조헌을 파직하라는 요청이 거세지자 선조도 그를 파직시켰다. 이이가 죽은 직후 당쟁이 거세지던 시절이었다.

조헌은 스승 이이의 죽음과 자신의 파직이 한꺼번에 닥치자 옥천沃川으로 내려가 후율정사後栗精舍를 짓고 후학을 양성했다. '후율'이란 율곡 이이의 정신을 계승하겠다는 뜻이다. 그리고 선조 19년(1586) 43세 때 다시 공주목公州牧 제독에 임명되자, 만언소萬言疏를 올려 시폐時弊를 교정할 방법을 진언하고 이이와 성혼의 충정을 변론했다. 조헌은 44세 때도 만언소를 올려 정여립의 흉포함을 논박했다. 그러나 관찰사 권징權徵이 이를 선조에게 전달하지 않자, 다시 짧은 상소문을 지어 원래의 상소문과 함께 올렸다. 조헌은 이해 6월부터 9월까지 다섯 차례 상소를 올렸고, 모두 받아들여지지 않자 다시 옥천으로 돌아가 강학講學에 전념하려고 했다.

그러나 그는 또다시 상소를 올리지 않을 수 없었다. 그해 11월에 왜국이 조선을 정탐하기 위해 사신을 보내자, 조헌은 이들을 돌려보내라는 상소를 올렸던 것이다. 그리고 이번에도 관찰사 이성중李誠中이 상소를 전달하지 않자 조헌은 다시 상소를 지어 대궐 앞에 나아가 이전의 상소와 함께 올렸다. 이에 진노한 선조는 상소를 보지도 않고 태워버렸다. 다시 2년 뒤인 선조 22년(1589) 4월에도 조헌은 도끼를 들고 대궐 문 앞에 엎드려 시정時政의 폐단을 논박하는 상소를 올렸다. 이른바 지부상소持斧上疏였다. 임금이 자신의 상소를 받아들이지 않으려면 그 도끼로 목을 치라는 뜻이었다.

왜란을 예견하며

결국, 이 일로 조헌은 함경도 길주吉州의 영동역嶺東驛에 유배되어 옥천에서 2,000리 길을 걸어서 갔다. 이때 동행했던 아우 조전趙典과 두 명의 종은 철령鐵嶺 이북에서 돌림병을 만나 모두 죽었고 큰아들 조완기趙完基도 병에 걸렸다가 간신히 살아났지만, 조헌만은 의기와 행색에 조금도 변함이 없었다. 조헌은 유배지에서도 상소를 올렸다. 황윤길과 김성일을 왜국에 통신사로 보낸다는 소식을 듣고서 통신사를 보내면 그들의 간교한 술책에 말려들게 될 것이라며 상소를 올렸다. 선조는 이 상소를 보고 "이 사람이 또다시 마천령을 넘고 싶은가 보구나"라고 했다. 다행히 그해 10월에 정여립의 모반사건이 발각되자, 일찍이 정여립의 흉포함을 고발한 조헌의 선견지명이 인정되어 11월 4일 유배에서 풀려났다.

조헌은 선조 24년(1591) 3월에도 상소를 올려 왜국 사신의 목을 벨 것을 청했다. 이번에도 지부상소였다. 그러나 선조는 "상소로 귀양살이까지 한 자가 상소를 그치지 않으니 부끄러움이 없는 자"라며 조헌의 상소를 묵살했다. 결국, 승정원 문밖에서 3일 동안 기다렸지만, 임금의 답변이 없자, 조헌은 주춧돌에 이마를 찍어 피를 흘리며 자신의 간절한 뜻을 드러냈다.

조헌이 이처럼 왜국에 대해 완강한 태도를 보였던 것은 왜란의 발발을 확신했기 때문이다. 조헌은 선조 24년 4월에 전란의 조짐을 예견하고 평안도 관찰사 권징과 연안延安 부사 신각申恪에게

호濠를 파고 성을 수축해 전란에 대비할 것을 권고했다. 왜란이 일어나던 선조 25년(1592) 2월 28일에는 부인 신씨辛氏가 죽자 반장返葬(객지에서 죽은 사람을 그가 살던 곳이나 고향으로 옮겨 장사 지내는 것)하는 격식을 따르지 않고 급하게 장례를 치렀다. "변란이 곧 일어날 것이니 시체를 길가에 버리게 될 바에야 이곳에서 장사지내는 것이 낫다"는 이유에서였다.

의병장의 최후

결국, 4월 13일 왜구가 침입해 전란이 일어나자 조헌은 5월 3일 청주에서 격문을 띄우고 의병을 모집해 보은報恩에서 첫 승리를 거두었고, 8월 1일에는 승병장 영규靈圭의 군대와 연합해 청주에서 왜적을 격파하고 청주성을 되찾았다. 그리고 다시 8월 16일에는 영규와 함께 청주를 떠나 전략적 요충지 금산錦山으로 진격했다. 18일에 금산에서 전라도 순찰사 권율과 합세해 왜군을 협공하기로 약속했기 때문이었다. 그 사이 권율은 공격 날짜를 연기하자는 서한을 보냈지만, 서한이 당도했을 때 조헌은 이미 금산에서 십리쯤 떨어진 곳까지 진격한 상태였다. 결국, 조헌의 군대는 지원군이 없는 상황에서 단독으로 전투를 치렀고, 중과부적衆寡不敵으로 조헌과 휘하의 700 의사義士가 함께 순절했다.

토정土亭 이지함은 일찍이 조헌을 이렇게 평가했다. "가난하기는 하나 스스로 분수를 지키며 명예나 사리를 추구하지 않았고, 임금을 아끼고 나라를 걱정하는 마음은 지성에서 우러나왔다." 조헌은 자신의 양심만 잘 지키는 사람이 아니라 국가를 위해 헌신할 사람 이라는 평가였다. 실제로 조헌은 그렇게 살다가 그렇게 죽었다. 왜 군의 일제 공격이 막사 안까지 들이닥쳤을 때, 조헌은 피신하라는 부장들의 권고를 물리치며 이렇게 말했다. "여기가 내가 죽을 곳 이다. 장부가 전쟁에 임해서는 죽음이 있을 뿐 구차하게 모면할 수 없다." 조헌은 삶을 구걸하는 대신 나라를 위한 죽음을 선택했다. 예나 지금이나 지식인의 진정한 소명은 개인의 안위나 영달이 아 니라 국가와 공동체에 대한 헌신에 있다.

16

가례에서 전례까지,
김장생金長生

1548~1631

예서 4부작, 조선 예학 집대성

조선 예학의 선구자 김장생은 1548년 서울 황화방 정릉동에서 태어났다. 김장생은 처음에는 할아버지 밑에서 공부하다가 13세 때 송익필宋翼弼에게 사서와 《근사록》을 배웠고, 20세 때 이이의 문하에서 수학하며 예학에 관심을 두게 되었다. 그리고 33세 때는 성혼에게도 가르침을 받았다. 김장생은 학문으로 우정을 나눈 16세기 조선 성리학의 세 거두를 모두 사사한 셈이다.

예禮는 학문의 문제일 뿐 아니라 실천의 문제이기도 했다. 예는 이론과 실천이 일치할 때 공감을 얻게 된다. 김장생은 예를 공부하고 일상에서 실천하면서도 모나지 않게 살았다. 그는 28세 때 아버지 김계휘金繼輝를 따라 관서 지방을 시찰한 적이 있었다. 당시 관서 지방은 유객들의 성색聲色과 연악宴樂이 성행하던 곳이었다. 그곳에서 김장생은 여러 사람과 자주 어울렸지만, 항상 몸가짐을 반듯하게 하려고 애썼다. 그러나 젊은이가 그런 몸가짐을 지키는 것이 쉬운 일은 아니었다. 그래서 그는 제자 송시열에게 자신의 힘겨웠던 노력을 이렇게 토로하기도 했다. "젊을 적엔 색욕을 막으려고 몹시 공력을 쏟았다. 그래서 비록 오래도록 관서 지방에 머물렀지만, 끝까지 마음에서 색욕이 싹트지 않았다"라고.

김장생의 예에 관한 첫 저술은 36세 때 완성한《상례비요喪禮備要》였다. 관혼상제冠婚喪祭 네 가지 예 중에서 가장 핵심적이고 복잡한 문제가 상례였기 때문에 먼저 상례에 대한 정리 작업을 시도한 것이다.《상례비요》는 원래 그의 친구였던 신의경申義慶이《주자가례》의 '상례喪禮' 편을 기초로 정리한 것인데, 그것을 김장생이 당시의 실정에 맞게 수정하고 보완한 것이다. 52세 때는 미완성 상태의《주자가례》를 보완한《가례집람家禮輯覽》을 완성했는데, 예서禮書의 고전들과 여러 학자의 학설을 참고해 체계적으로 개정한 것이다. 특히 김장생은《가례집람》과 함께《가례집람도설家禮輯覽圖說》을 편집했는데,《주자가례》의 31개 그림을 150개로 대폭 늘려 가례가 일상생활에서 쉽게 실천될 수 있도록 배려했다. 77세 때는 국가와 왕실의 의식(전례典禮)에 관해 주고받은 편지들을 모아《전례문답典禮問答》이라고 명명했고, 김장생 사후에는 친구 및 문인들과 문답한 내용들을 모은《의례문해疑禮問解》가 간행되었다. 중국에서는

《대명례大明禮》가 일상화되어 《주자가례》가 상대적으로 주목받지 못했지만, 김장생은 《주자가례》를 보완한 예서 4부작을 통해 중국 예학과 차별화된 조선 예학을 완성했다.

예학으로 인조의 원종 추숭에 맞서다

《전례문답》이 집필된 정치적 배경은 1623년 3월 13일의 인조반정이었다. 반정으로 정원군의 맏아들 능양군이 옹립되자 정원군의 위상과 인조의 종통宗統 승계에 관해 논란이 발생한 것이다. 정원군은 선조의 다섯째 아들이었다. 그렇기 때문에 반정이 아니었다면, 능양군은 절대로 임금 자리에 오를 수 없던 방계의 여러 왕자 중 한 명에 불과했다. 인조의 종통 승계를 정당화하는 방법은 두 가지였다. 하나는 인조의 생부 정원군을 임금으로 추숭하는 것이었고, 다른 하나는 인조를 선조의 아들로 간주하는 것이었다. 방법은 달랐지만, 공통점은 광해군의 적통 지위를 부정하는 것이다.

인조는 정원군을 추숭하는 방법을 선호했다. 그래서 반정공신이었던 이귀李貴는 정원군을 선조의 맏아들로 간주하는 논리를 제시했다. 정원군의 형들이 모두 자식 없이 죽었기 때문에 쫓겨난 광해군 대신에 정원군이 왕위를 계승했어야 했다는 것이다. 그리고 그는 이 논리의 연장선에서 정원군의 장자였던 인조의 왕위 계승을 정당화하고자 했다. 선조에서 정원군을 거쳐 인조로 이어지는 적통의 계보를 제시한 것이다.

김장생 초상
김장생은 인조반정 이후 서인 산림파(산당) 영수로 공신 세력에 대항하여 영향력을 발휘하였다. 송익필과 이이, 성혼 등의 제자이자 계승자로 기호학파를 형성, 확장하는 데 기여하였다. 김집, 송시열 등을 길러냈다. (사진출처 위키피디아)

선조·인조의 가계도

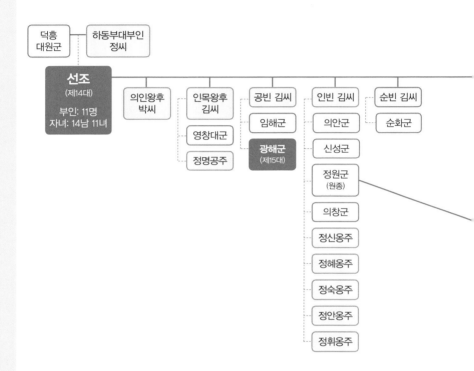

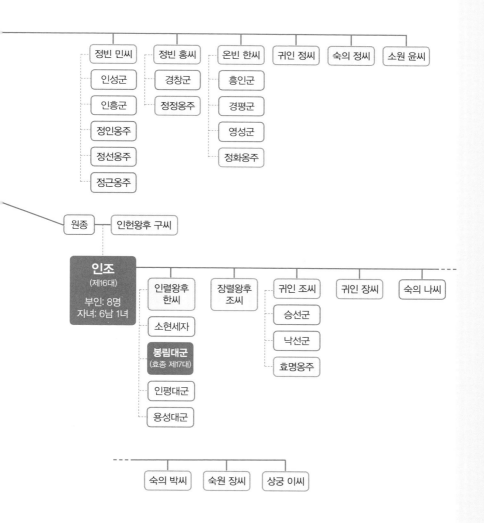

부부 —— 남자 ▢
자녀 --- 여자 ▢

정빈 민씨	정빈 홍씨	온빈 한씨	귀인 정씨	숙의 정씨	소원 윤씨
인성군	경창군	흥인군			
인흥군	정정옹주	경평군			
정인옹주		영성군			
정선옹주		정화옹주			
정근옹주					

원종 —— 인헌왕후 구씨

인조
(제16대)

부인: 8명
자녀: 6남 1녀

인렬왕후 한씨	장렬왕후 조씨	귀인 조씨	귀인 장씨	숙의 나씨
소현세자		승선군		
봉림대군 (효종 제17대)		낙선군		
인평대군		효명옹주		
용성대군				

숙의 박씨	숙원 장씨	상궁 이씨

인조는 이 계보를 확정 짓기 위해 아버지 정원군을 임금으로 추숭하는 작업을 진행했다. 인조의 주장은 간단명료했다. "사람에겐 누구나 할아버지가 있고 나서 아버지가 있는 법이다. 할아버지만 있고 아버지가 없는 이치는 없다." 할아버지 선조의 왕위를 계승했지만, 할아버지를 아버지로 간주해 생부의 존재를 부정할 수 없다는 것이다.

인조가 이런 주장을 하게 된 이유는 김장생의 강력한 반대 때문이었다. 김장생이 제기한 반론의 핵심은 두 가지였다. 첫째, 인조는 선조의 왕위를 이어받았기 때문에 선조의 아들로 간주해야 한다. 둘째, 인조가 선조의 아들이 되었기 때문에 인조는 정원군을 백숙부伯叔父로 불러야 한다. 김장생의 이런 주장에도 결정적인 문제는 있었다. 인조와 정원군의 관계를 숙질叔姪로 간주하면 선조와 정원군이 형제가 되는 모순이 발생하기 때문이다.

그러나 김장생은 대통大統 계승의 차별성을 강조하며 정원군과 인조의 부자 관계를 부정하고 정원군의 추숭을 반대했다. 김장생의 의도는 생부를 앞세워 왕실의 법통을 어지럽히려는 인조의 기도를 지식인의 예론으로 교정하려는 것이었다. 적장자가 왕통을 계승하지 못한 사례가 인조 이전에도 무수히 많았지만, 지식인이 왕위 계승의 정통성을 문제 삼은 것은 이때가 처음이었다.

승지의 임무는 복역

김장생은 정원군 추숭 문제 외에도 기회가 될 때마다 인조에게 직언을 올렸다. 인조 2년(1624) 9월 77세의 김장생이 공조 참의에 임명되었을 때는 이런 일도 있었다. 당시 사헌부는 말썽을 부린 내수사의 노비를 잡아서 죄를 다스리고 있었다. 그때 인조가 사헌부의 조치를 문책하는 전지를 내리자 승정원은 그 전지를 돌려보냈고, 인조는 승정원 관원을 추고하라는 명령을 내렸다. 인조의 생모 인헌왕후의 뜻을 받들어 내린 명령이었다. 그러자 김장생은 사직 상소를 올리며 다음과 같이 진언했다.

"만약 승지가 주상의 뜻을 받들어 따르는 것만 직임으로 여기고 복역覆逆하는 바가 없다면, 사알司謁 한 명만 두면 충분하지 무엇 때문에 승지를 둔단 말입니까."

복역은 승정원이 임금의 명이 부당하다고 여겨 재고를 요청하며 되돌려 보내는 것이고, 사알은 임금의 명을 전달하는 일을 맡은 액정서 소속 정6품의 잡직 관원이다. 사견을 앞세운 임금의 부당한 명령을 힐난하는 원로 지식인의 통렬한 일침이었다.

그러나 인조는 야망을 품은 인물이었다. 물론 인조도 중종과 마찬가지로 반정으로 옹립된 임금이었지만, 그는 추대에 만족하지 않고 반정을 주도했다. 인조는 거사에 필요한 상당액의 군자금을 출연했고, 거사 당일에는 직접 군사를 지휘하기도 했다. 그런데도 인조의 정국 운영에 불만을 품은 세력을 통제하는 것이 그리 간단하지는 않았다. 반정에 성공한 지 1년이 채 못 된 1624년 1월, 2등 공신 이괄李适이 논공행상에 불만을 품고 반란을 일으킨 것이 그 예였다. 따라서 인조로서는 반대 세력을 적절히 제압할 수 있는 왕권 강화가 절실했다. 그리고 결국 즉위 직후부터 아버지 정원군을 원종元宗으로 추숭하는 작업에 착수해 재위 12년(1634) 만에 성사시켰다.

인조는 원종 추숭에 성공해 정통성을 강화할 수 있었지만, 그것은 근왕勤王 세력의 지지라는 제약 속에서 가능한 것이었다. 당시 근왕 세력에는 반정공신뿐 아니라 박지계朴知誡와 같은 학자들도 포함되어 있었다. 박지계는 인조의 산림山林 우대 방침에 따라 김장생과 함께 발탁된 인물이었다. 원종 추숭 논쟁이 시작될 때부터 김장생과 박지계는 각각 사헌부 장령과 지평을 맡아 논의에 참여하고 있었다. 박지계는 근왕 세력에 가담해 추숭론의 이론적 근거를 제시했지만, 김장생은 반정공신들과 거리를 두고자 했다. 그래서 그는 반정 초기에 김류金瑬, 이귀, 최명길, 장유張維 등의 주도 세력에게 다음과 같은 경계의 말을 담은 편지를 보냈다.

"정국공신의 세 대장이 하던 짓을 답습하지 말아야 한다."

중종반정의 주역이던 박원종, 성희안, 류순정이 사욕에 빠져 일생을 마쳤던 선례를 반면교사로 삼아야 한다는 뜻이다.

예학의 태산북두

김장생이 보기에 인조 대의 정치는 성공적이지 못했다. 송시열은 인조의 정국 운영에 대한 김장생의 평가를 다음과 같이 기록해 두었다. "인조반정 초기는 무언가 큰일을 할 만한 기회였다. 그러나 반정에 참여한 사람들은 자신의 부귀에만 뜻을 두었고, 이괄의 변과 호란胡亂의 변을 만나 인심이 크게 무너져 어지러웠다. 게다가 임금도 국가의 형세가 위태롭다는 것을 알면서도 어쩔 수 없다고 치부하고는 고식적인 자세로 하루하루를 넘겼다." 1627년 정묘호란 때 김장생은 양호兩湖 호소사號召使에 임명되어 80세의 노구를 이끌고 의병을 일으켜 참전했으니, 그의 관찰과 평가가 지나치게 박한 것은 아니었다.

김장생은 슬하에 9명의 아들과 5명의 딸을 두었고 84세를 일기로 생을 마쳤다. 둘째 아들 김집은 아버지의 뜻을 이어 예학을 발전시켜 문묘에 종사되었다. 부자가 함께 문묘에 종사된 유일한 경우였다. 다섯째 아들 김경金繁은《상례비요》의 삽도插圖를 그렸다. 김장생이 숙종 43년(1717) 문묘에 종사될 수 있었던 것도 아들들이 아버지의 예학을 가학으로 이어받아 세상에 전했기 때문이다. 대제학 송상기宋相琦가 지은 문묘 종사 교서는 김장생의 학문적 위상을 다음과 같이 평가했다.

뜻이 오묘한 예절과 의심스러운 글에 대해서도 자세히 분석한 것이 많았다. 길흉의 상례常禮와 변례變禮에 대해서도 뭇 논설을 절충하지 않은 것이 없었으니, 크고 작고 높고 낮은 사람들이 모두 깊은 은혜를 입었다. 일세一世의 태산과 북두처럼 뛰어났으며, 어두운 거리의 해와 별처럼 밝았다. _《숙종실록》, 43년 5월 18일

17
난세에도 경도經道를,
김상헌金尙憲
1570~1562

외직을 전전하며

김상헌은 선조 3년(1570) 한양의 외가에서 열두 달 만에 태어났다. 그는 임진왜란이 수습되어 가던 선조 29년(1596) 27세 때 과거에 급제해 권지 승문원부정자(종9품)로 첫 관직 생활을 시작했다. 그 후 승진을 거듭하며 31세 때는 사간원 정언(정6품)과 이조 좌랑(정6품) 등의 관직을 맡았다.

그러나 이 시절 그는 사사건건 시비를 따져 사람들에게 미움을 샀다. 특히 그는 정권 실세였던 류영경柳永慶의 대사헌 제수를 반대하다 북인들의 배척을 받았다. 선조 34년(1601) 32세 때 그가 중앙 조정을 떠나 제주도에 안무어사로 파견되었던 것도 그 때문이었다. 그는 제주도의 민심을 안정시키고 돌아와서는 잠시 예조 정랑

(정5품)에 제수되었지만, 곧바로 함경도 고산高山의 찰방(종6품)으로 발령받았다. 북인 집권기인 광해군 때 편찬된 《선조실록》에는 이때의 김상헌에 대해 위인이 교만하고 망령되었다는 평가가 덧붙여 있다.

반면에 서인 집권기인 효종 때 편찬된 《선조수정실록》은 김상헌이 강직하고 유아儒雅하여 세상의 존경을 받았다고 평가했다. 두 실록의 엇갈린 평가가 보여주듯이, 북인이 득세하던 기간에 김상헌은 그들의 집요한 정치 공세 속에 외직을 전전하며 관직을 이어 갔다. 선조 38년(1605) 36세 때는 함경도 경성도호부 판관(종5품)으로 파견되었다가 이듬해 파직되었고, 38세 때도 개성부 경력(종4품)에 임명되어 중앙 조정에 자리를 붙이지 못했다.

김상헌에게 기회가 다시 찾아온 것은 광해군 즉위년(1608) 겨울이었다. 이때 김상헌은 39세의 나이로 문과에 급제해 사도시 정(정3품)에 임명되었다. 사도시는 궁중의 미곡과 조미료를 관장하는 관청이다. 그 뒤로 그는 홍문관 직제학(정3품) 등을 거쳐 광해군 3년(1611)에는 승정원 동부승지(정3품)에 임명되었지만, 곧바로 면직되었다. 이언적과 이황의 문묘 종사 철회를 주장하던 북인 정인홍에게 맞서다 문묘 종사를 마지못해 허용했던 광해군의 뜻마저 거슬렀던 것이다. 김상헌의 나이 42세 때의 일이었다. 이 일로 김상헌은 다시 외직인 광주 목사(정3품)와 연안 도호부사(종3품)에 임명되었지만, 모두 파직되었다. 인조반정이 일어날 때까지 김상헌은 양주楊州의 석실에 은거하며 때를 기다려야 했다.

북경에서 맞은 정묘호란

인조반정(1623) 당시 김상헌은 상중이었기 때문에 모의에는 직접 참여하지 않았지만, 다음 해 이괄의 난이 일어나자 인조는 그를 이조 참의(정3품)로 불러들였다. 당시 조정에서는 김상헌이 상제喪制를 마칠 때까지 자리를 비워두고 있었다. 이후 김상헌은 사간원 대사간(정3품), 승정원 도승지(정3품), 사헌부 대사헌(종2품) 등을 지내다가 인조 4년(1626) 57세 때 명나라에 사신으로 파견되어 그해 10월 북경에 당도했다. 당시 평안도 철산 앞바다 가도椵島에 주둔하고 있던 명나라 장수 모문룡毛文龍이 명나라 조정에 조선과 후금이 내통하고 있다고 무고한 일이 있었는데, 김상헌에게 이를 해명할 책임을 맡겼던 것이다.

이듬해인 인조 5년(1627) 3월 9일 김상헌은 북경에서 본국이 외침을 당했다는 소식을 접했다. 정묘호란이 발생한 지 두 달 만이었다. 후금이 전쟁을 일으킨 가장 큰 목표는 모문룡 제거였다. 요동을 장악한 후 중국 본토로 서진西進할 계획이었던 후금의 입장에서 모문룡은 목에 가시 같은 존재였기 때문이다. 김상헌은 이 점을 정확히 간파해 명나라 병부에 정문呈文을 올려 모문룡 진영의 문제점을 알리고 원군 파병을 요청했다.

그러나 김상헌의 조치는 때늦은 것이었다. 인조가 3월 3일 강화

歷四十五年歲次丁巳六月甲午朔
初八日辛丑安東金尙憲謹以清酌
庶羞之奠敬祭于
故檜原府院君秋浦黃公之靈

祭秋浦黃公文

김상헌 진적(眞迹)

김상헌 친필로 손자인 김수증이 보필(補筆)했다. 역사적·서예적 가치가 뛰어난 자료로 평가된다. (사진출처 문화재청 홈페이지)

도에서 후금과 화약和約을 체결하고 형제 관계를 맺었기 때문이다. 이로써 전쟁은 종식되었지만, 정묘화약은 터지지 않은 뇌관이 장착된 불안한 평화에 불과했다. 후금은 전쟁 도발의 제1 목표였던 모문룡 제거에 실패했기 때문에, 기회가 포착되면 언제든 다시 전쟁을 일으킬 가능성이 컸다. 조선으로서도 대명 사대事大관계와 대후금 교린交隣 관계가 공존하는 불안정한 국제관계 속에서 미래의 전쟁에 대비해야 했다. 그해 12월 동지춘추관사 (종2품)를 맡은 김상헌의 주장대로, 흉적의 위세를 지나치게 두려워할 필요도 없지만, 조선의 안위를 명나라의 선의에만 기댈 수도 없었다.

예견된 전쟁

전란에 대비해야 한다는 김상헌의 결정적인 주장은 인조 14년 (1636) 3월 7일에 제기되었다. 이때 김상헌은 국가의 안위를 안주성安州城에만 의지하는 문제점을 지적하며, 관서 지역을 안주성, 자모성, 철옹성 세 개의 진鎭으로 나누어 적의 침입에 대비해야 한다고 주장했다. 안주성 함락 이후 파죽지세로 진공하는 후금군에 속수무책이었던 정묘호란의 경험을 반영한 제안이었다. 병자호란이 발발하기 8개월 전의 일이었다. 이 날 인조도 정묘화약을 파기하고 후금의 침략에 대비하라는 유시문諭示文을 평안 감사에게 내렸다. 인조의 글이 용골대龍骨大의 복병에게 탈취당하는 웃지 못할 사건이 일어나기도 했지만, 사실 정묘화약은 조선이나 후금 모두에게 지키기 어려운 약속이었다. 전쟁은 그렇게 기정사실이 되어가고 있었다.

다만 조선이 치러야 할 전쟁의 상대는 과거의 후금이 아니라 중원 지배를 꿈꾸는 청으로 바뀌어 있었다. 1636년 4월 11일, 홍타이지가 국호를 청淸으로 고치고 숭덕제崇德帝가 되었기 때문이다. 전쟁은 11월 25일 숭덕제가 환구圜丘에서 제사를 지내고 조선 정벌을 선언하면서 시작되었다. 전쟁 선언의 여러 이유 중에는 조선이 정묘화약 때 약속한 형제의 예를 지키지 않았다는 점도 지적되었다. 철기로 무장한 청군은 12월 8일 압록강을 건너 파죽지세로 남하했고, 전세를 오판하고 우왕좌왕하던 인조는 결국 14일에 강화도행을 포기하고 남한산성으로 몽진했다.

고립된 산성에서는 강화와 결전을 둘러싼 지루한 말의 전쟁이 이어졌다. 12월 15일, 협상을 위해 적진에 다녀온 최명길이 왕제王弟와 대신을 인질로 보내라는 적진의 요구를 전하자, 조선 조정에서는 가짜 왕제라도 보내 강화를 추진해야 한다는 주장이 제기되었다. 다음 날 조정은 종친 중에 능봉수綾峯守 칭稱을 인조의 아우로 속여 인질로 보냈지만, 곧바로 거짓임이 발각되었다. 이로 인해 강화 협상이 난항에 빠지자 17일부터 조정은 청의 새로운 요구에 따라 세자를 인질로 보내는 문제를 논의하기 시작했다. 그러나 세자를 인질로 보내는 것은 종사 전체의 안위가 걸린 문제였다.

삼전도비
청 태종이 명하여 인조가 삼전도에 나아가 항복한 사실을 비문에 담고 청나라의 공덕을 기리
는 글을 덧붙여 세우게 한 비로 조선 치욕의 역사로 여겨진다. (사진출처 문화재청 홈페이지)

대책 없는 논쟁

김상헌이 인조의 행궁을 찾은 것은 바로 그날 12월 17일이었다. 이날 김상헌은 인조와 면대한 자리에서 비굴하게 강화를 구걸한다고 해서 평화가 보장되지는 않는다며, 먼저 싸워 본 다음에 화친을 강구해도 늦지 않다고 주장했다. 물론 김상헌이 무조건 강화를 반대한 것은 아니었다. 그가 구상했던 전략은 나라를 지키기 위해서는 화친의 형식을 취하는 동시에 결전의 태세도 늦추지 말아야 한다는 것이었다.

논쟁은 있었지만, 누구에게도 뚜렷한 대책은 없었다. 논란 속에 해를 넘긴 정축년(1637) 1월 1일, 청 황제가 30만 대군을 이끌고 탄천炭川에 진을 쳤다는 보고가 산성의 조정에 당도했다. 그리고 다음 날 대청국大淸國 관온 인성 황제寬溫仁聖皇帝의 명의로 투항하라는 국서가 전달되었다. 이로 인해 조정에서는 강화와 항전을 둘러싼 어지러운 논전이 재연되었다. 1월 16일에는 남한산성에서 잘 보이도록 청군 진영에 '초항招降' 두 글자를 새긴 깃발이 세워졌다. 무조건 항복하라는 뜻이었다.

결국, 논란 끝에 1월 18일, 최명길이 항복하는 국서의 초안을 완성했다. 그러자 예조판서로서 초안을 열람하던 김상헌이 "신의 죄는 머리카락을 뽑아 헤아려도 다 헤아리기 어렵다[臣罪擢髮難數]"는 부분을 읽다가 국서를 찢어버렸다. 자신의 극렬한 반대에도 불구하고 항서가 전달되자, 김상헌은 엿새 동안 밥을 먹지 않다가 목을 매어 자결을 시도했다. 다행히 자손들의 구조로 목숨은 건졌지만, 살아남은 자의 시련은 그것으로 끝나지 않았다.

살아남은 자의 시련

김상헌은 인조가 출성할 때 임금을 따라가지 않고 산성에 남았다. 신하는 임금에 대해서 의리를 따르는 것이지, 명령을 따르는 것이 아니라는 신념 때문이었다. 이 일은 김상헌이 척화신斥和臣의 수장으로 지목되어 심양으로 압송되는 빌미가 되었다. 김상헌은 인조 18년(1640) 12월 의주를 거쳐 심양에 도착했다. 의주에서 용골대에게 받은 심문 내용도 임금을 따라 출성하지 않은 이유에 대한 것이었다.

> 가노라 삼각산三角山아 다시 보자 한강수漢江水야
> 고국산천故國山川을 떠나고쟈 하랴마는
> 시절時節이 하 수상殊常하니 올동 말동 하여라
> _《青丘永言》

이 시조는 71세의 김상헌이 청나라 심양瀋陽으로 압송되기 직전에 지은 것이다. 나이도 나이려니와 세월이 하도 어수선해 영원히 고국에 돌아오지 못할 수도 있다는 절박한 심정을 읊었다. 김천택金天澤이 편찬한《청구영언青丘永言》에 수록되어 있다.

김상헌이 심양에 구금되어 있던 인조 20년(1642), 최명길도 명나라와 내통했다는 혐의를 받고 심양으로 끌려와 북관北館에 구금되었다. 주화파主和派도 패전의 후폭풍을 비껴갈 수는 없었다. 그러나 북관은 오랜 세월 대립했던 두 정적이 서로의 진심을 헤아리게 한 화해의 공간이 되었다. 김상헌과 최명길은 영어囹圄의 공간 북관에서 수없이 시를 주고받으며 해묵은 감정을 풀었다.

김상헌은 인조 23년(1645) 2월, 소현세자 등과 함께 심양에서 돌아왔다. 5년 만의 귀국이었다. 그의 나이 76세 때였다. 다음 해 3월 인조는 77세의 김상헌을 좌의정에 임명했지만, 그는 32번이나 상소를 올려 사양했다. 1649년 인조를 이어 즉위한 효종이 그를 다시 좌의정에 임명했지만, 11차례나 상소를 올려 사양하자 영돈령부사(정1품)로 임명했다. 김상헌은 그 후 3년간 노구를 이끌고 국정에 조력하다가 효종의 선정을 기원하는 유소遺疏를 남기고 효종 3년(1652) 6월 양주 석실에서 83세를 일기로 별세했다.

김상헌의 호는 청음淸陰이다. 그러나 병자호란을 겪은 후 오랑캐 나라의 국호 쓰는 것을 꺼려 서간노인西磵老人으로 고쳤다. 김상헌은 북관에서 최명길과 화해했지만, 경도經道와 권도權道에 대한 견해 차이는 좁히지 못했다. 최명길은 북관에서 경권經權을 논하며 "끓는 물과 얼음은 모두 물이고, 가죽옷과 갈포 옷이 모두 옷[湯水具是水 裘葛莫非衣]"이라는 구절이 담긴 시를 보냈다. 그러자 김상헌은 다음과 같이 화답했다. "권도로는 현인도 잘못될 수 있지만, 경

도는 여러 사람도 거스르지 못한다[權或賢猶誤 經應衆莫違]." 난세에도
경도와 대의를 지켜야 한다는 것이 김상헌의 일관된 신념이었다.
그래서 그는 자신의 신념을 북관에서 지은 묘지명에 담아 후세에
전했다. "지성은 금석에 맹세했고, 대의는 해와 달에 매달았다[至誠
矢諸金石 大義懸乎日月]."

18

종사의 존망은
필부의 생사와 다르다,
최명길崔鳴吉
1586~1647

명분론과 실리론, 제로섬게임의 비극

남한산성의 변란 때는 척화신斥和臣을 협박해 (청나라에) 보내 사감私

感을 풀었고, 환도還都 뒤에는 그른 사람들을 등용해 사류士類와 알

력을 빚어 모두 그를 소인小人으로 지목했다. 그러나 위급한 경우를

만나면 피하지 않고 앞장섰고, 일에 임하면 칼로 쪼개듯 분명하여

따를 사람이 없었다. 역시 한 시대를 구제한 재상이라 하겠다.

_《인조실록》, 25년 5월 17일

최명길은 병자호란 직전에 올린 상소에서 주화主和라는 두 글자

가 일생의 허물이 되리라고 예견했다(主和二字 爲臣一生身累). 그의 짐작

206

대로 주화는 그의 삶을 단죄하는 낙인이 되어 역사의 기록으로 남
았다. 그러나 실록의 기록도 존망의 갈림길에서 종묘사직을 구원
한 그의 업적을 무조건 폄훼할 수는 없었다. 최명길은 주화로 인해
소인이라는 오명을 뒤집어썼지만, 동시에 주화를 실천한 공로로
시대를 구한 재상이라는 평가도 받았다. 이 모순된 평가는 당시의
역사에 공존했던 명분론과 실리론 사이의 메울 수 없는 간극이 빚
어낸 결과였다.

최명길은 선조 19년(1586)에 태어나 인조 25년(1647)에 사망했
다. 왜란과 인조반정 그리고 호란으로 얼룩진 시대에 조선 조정은
시비是非와 이해利害를 둘러싼 논쟁에 휘말렸고, 최명길은 그 논쟁
의 한 복판에 서 있었다. 그는 15세 때 성균관에 입교했고, 20세 때
문과에 급제하며 외교 문서를 다루는 승문원에 들어갔다. 임진왜
란 때 조선을 구원해준 명나라에 대해 의리를 지켜야 한다는 명분
론이 시대정신이던 시절이었다.

그러나 광해군과 북인 집권 이후 대명의리론對明義理論을 주장하
던 서인의 입지는 계속 좁아져 갔다. 그 결과 공조 좌랑(정6품)과 병
조 좌랑에 연달아 임명되어 출세 가도를 달리던 최명길도 정쟁의
소용돌이에 휘말리며 광해군 6년(1614) 1월 14일 투옥되고 말았
다. 그 무렵 유생 이홍임李弘任이 명나라 사신 접촉을 금지했던 조
정 방침을 어겨 체포되었는데, 당시 병조 좌랑이던 최명길이 그를
석방했다는 것이 이유였다. 이 사건으로 최명길은 대북파 지도자

남한산성
청나라 철기병의 공격보다 더 무서운 것은 성 안에서 벌어진 말들의 전쟁[言爭]이었다.

이이첨李爾瞻에 의해 체포되어 14일간 투옥되었다가 삭탈관직당한 후 도성 밖으로 쫓겨났다. 광해군이 선조의 유일한 적자 영창대군을 강화도로 귀양 보낸 계축옥사 癸丑獄事(1613) 직후의 일이었다. 최명길이 풀려난 것은 그로부터 5년 뒤인 광해군 11년(1619) 5월 14일이었다. 그 사이 광해군 10년(1618)에는 선조의 계비 인목대비가 서궁西宮에 유폐되는 사건도 있었다.

인조반정, 명분에 압도된 외교적 파국

폐모살제廢母殺弟를 저지른 광해군은 결국 1623년 3월 12일 반정으로 쫓겨나고, 선조의 손자인 능양군 이종李倧이 새 임금으로 옹립되었다. 반정의 명분은 인목대비의 교서에 제시되어 있듯이, 광해군의 폭정 종식과 친명 외교 노선 복원이었다. 반정의 주역은 50대의 대장 김류(1571~1648)와 60대의 부장 이귀(1557~1633)였지만, 당시 38세였던 최명길도 단순 가담자는 아니었다. 그는 거사 모의 초기부터 계획을 입안했고, 최종 단계에서는 점법占法을 활용해 거병 일을 결정할 정도로 거사에 주도적으로 참여했다. 거사 직후 정6품직인 이조 좌랑을 맡았던 그가 정랑(정5품)과 참의(정3품)를 거쳐, 정사 1등 공신에 녹훈되고(윤10월 18일) 이조 참판(종2품)에 임명되었던 것도(11월 2일) 그 공로를 인정받았기 때문이다. 불과 8개월 만에 진행된 초고속 승진이었다는 점도 놀랍지만, 인조 정권이 양전量田 실시, 호패법 시행, 대동법 운용 등 집권 초기의 내정 개혁 책임자로 그를 지목했다는 사실도 눈여겨볼 대목이다.

인조 정권은 광해군 시대의 유산 청산을 위해 내정 개혁뿐만 아니라 외교 노선의 전환도 추진했다. 기본 방향은 명-후금 간 등거리 외교 노선 폐기와 친명배금親明背金 노선 복원이었다. 반정의 대외적 명분에 따르면, 명나라에 대한 의리를 지키기 위해서는 오랑캐인 후금과 전쟁도 불사해야 했다. 그러나 1627년 1월 13일 후금이 얼어붙은 압록강을 건너와 정묘호란을 일으키자 명분만으로는 나라를 지킬 수 없는 현실이 분명해졌다. 임진왜란 때처럼 명나라의 지원군을 기대하기 어려웠고, 조선의 군사력만으로 후금군을 대적할 수도 없었기 때문이다.

명분과 현실 사이의 괴리에도 불구하고, 조선 조정의 중론은 척화와 항전이었다. 그 의지는 "군신의 대의를 저버린 강화 협상은 나라가 망하더라도 추진하지 않겠다"라고 밝힌 인조의 2월 4일 교서에서 분명히 드러났다. 이에 대해 최명길은 2월 10일 "거의 성사된 화친의 기회를 놓친다면 나중에 후회해도 소용없다"며 현실론을 강조했다. 이로 인해 그를 참수 또는 찬출해야 한다는 비난 여론이 비등했지만, 최종 결론은 3월 3일 성사된 형제의 맹약盟約이었다.

하지만 조선 조정은 정묘화약이 가져다준 잠정적 평화를 미래의 전쟁에 대비할 기회로 활용하지 못하고 권력 투쟁에 탕진했다. 인조는 왕권의 정통성을 확보하기 위해 자신의 생부인 정원군 이부李

琿를 원종으로 추숭하는 데 몰두했고, 서인 지식인들은 이이와 성혼의 문묘 종사 문제를 둘러싸고 왕권과 충돌했다. 그러는 사이에 예정된 파국이 서서히 다가왔다.

재연하는 논쟁

위기의 조짐은 인조 14년(1636) 벽두부터 감지되기 시작했다. 2월 16일 후금 사신 용골대로부터 홍타이지가 황제로 추대될 예정이라는 소식이 전해진 것이다. 두 개의 황제국이 공존하게 되는 충격적인 소식으로 인해 조선 조정은 일대 혼란에 빠졌다. 조정의 중론은 후금 사신들을 가두어 배척하는 뜻을 보이고 명나라에 대한 의리를 지키자는 것이었다.

반면에 최명길은 전란이 임박했음을 직감하고, 2월 26일, 9월 5일, 11월 6일 세 차례에 걸쳐 상소문을 올리며 현실론을 개진했다. 병자봉사丙子封事라고 불리는 세 차례의 상소문은 위기의 강도에 따라 내용의 변화가 있었지만, 핵심은 우선 형제의 맹약을 지켜 몇 년이라도 전쟁을 늦추면서 후환에 대비하자는 것이었다. 특히 세 번째 상소에서 그는 종사의 존망은 필부의 생사와 다르다[宗社存亡 異於匹夫之事]는 주희의 주장을 인용하며, 도에도 경도經道와 권도權道가 있듯이 의리도 때에 따라 달라지는 법[時之所在 義亦隨之]이라고 주장했다.

그러나 최명길이 예견했듯이, 전쟁은 피할 수 없었다. 게다가 조선 조정은 적정敵情도 제때 파악하지 못했다. 황제국이 된 청나라 군대는 12월 8일 압록강을 건너 파죽지세로 남하하고 있었지만, 외침이 조선 조정에 보고된 것은 12월 13일이었다. 14일 인조가 때늦은 강화도행을 결정했지만, 이미 양철평良鐵坪(지금의 불광동)까지 진출한 청군에 의해 퇴로가 차단된 상태였다. 대안은 남한산성뿐이었지만, 시간이 없었다. 이때 최명길이 스스로 적진에 들어가 적장과 담판하며 시간을 벌겠다고 나섰다. 최명길이 협상을 지체시킨 덕에 인조는 초경初更(저녁 7~9시 사이)이 지나서야 가까스로 남한산성에 도착할 수 있었다.

외교적 돌파구, 항서를 다시 기우며

남한산성 농성籠城 기간 중 최명길은 이조 판서를 맡고 있었지만, 적진을 오가며 강화 협상을 이끌었고 외교 문서 작성을 주관했다. 예조 판서였던 김상헌이 강경하게 척화를 주장했기 때문이다. 두 사람의 갈등은 인조 15년(1637) 1월 18일 청군 진영으로부터 날아든 최후통첩 때문에 더욱 깊어졌다.

통첩의 내용은 18일 인조가 출성出城해 항복하거나 아니면 19, 20일 양일에 걸쳐 결전을 치르자는 것이었다. 논란 끝에 조선 조정은 인조의 출성 항복 대신 회군하는 청군을 성 위에서 전송하도록 허용해 달라는 답서를 보내기로 하고, 최명길에게 이 항서降書의 초안 작성을 맡겼다. 그런데 김상헌이 문안의 내용을 문제 삼아 국서를 갈기갈기 찢어버렸다. 그러자 최명길은 찢어진 조각들을 주우며, "글을 찢는 사람도 있어야 하지만, 기워 맞추는 사람도 있어야한다"라고 응수했다.

척화 강경론자들의 거센 반발에도 불구하고 농성은 오래가지 못했다. 1월 26일 항전의 마지막 보루였던 강화도가 함락되었다는 소식이 전해지자 결국 인조도 출성 항복을 결심했다. 1월 29일에는 항복의 징표로 척화신 윤집尹集과 오달제吳達濟를 청군 진영으로 압송했고, 30일에는 인조가 성에서 나와 삼배구고두례를 행하고 군신 관계를 맺었다.

인조가 청나라와 군신 관계를 맺으며 교환한 국서에는 장차 청나라가 명나라를 정벌할 때 조선이 원병을 파견한다는 내용도 포함되어 있었다. 그러나 조선이 군사를 징발해 명나라를 친다는 것은 의리와 현실 두 측면에서 모두 지키기 어려운 약속이었다. 조선 조정은 이 문제를 해명하기 위해 인조 15년(1637) 10월 최명길을 심양에 파견했다. 최명길은 다음 해 9월 영의정에 임명된 직후 청나라의 징병 요청을 거절하기 위해 다시 심양에 들어갔다. 조선 조정은 주화론자 최명길에게 청나라와의 강화 협상도 맡겼지만, 동시에 명나라에 대해 의리를 지킬 방도도 강구하게 했던 것이다.

최명길을 친청親淸 주화론자로만 평가할 수 없는 사례는 또 있다. 예컨대 최명길은 인조 17년(1639) 8월 승려 독보獨步를 명나라의 등래도독 진홍범陳洪範에게 밀파해 조선의 사정을 알리려 했다. 그러나 인조 20년(1642) 조선과 명나라의 밀통 사실이 청나라에 발각되었다. 이 일로 최명길은 사태의 책임자로 지목되어 심양에 압송되었고, 인조는 그에게서 영의정직을 삭탈했다.

자주와 동맹의 이분법을 넘어서

최명길은 인조 23년(1645) 2월 23일 김상헌 등과 함께 심양에서 돌아왔다. 그의 나이 60세 때였다. 그는 이 해 10월에 어영청 도제조에 임명되었고, 인조 25년(1647) 5월 62세를 일기로 세상을 떠났다. 나라를 구하기 위해 목숨을 아끼지 않고 동분서주하던 삶이었지만, 척화론이 청의淸議로 칭송되던 시대였기에 사후에도 그는 주화론자라는 낙인 때문에 인조의 묘정廟廷에 배향되지 못했다.

그러나 김상헌의 명분론과 최명길의 현실론은 모두 조선이 위기에서 벗어날 수 있게 한 동력의 두 축이었다. 인조가 남한산성에서 출성 항복하고도 조선이 망하지 않았던 것은 척화파의 항전 의지와 주화파의 외교적 노력이 결합한 결과였다. 이 점에서 김상헌, 최명길과 함께 심양에 투옥되었던 척화론자 이경여李敬輿가 두 사람의 의기투합을 보며 기록한 다음과 같은 관찰에 주목할 필요가 있다.

두 어른의 경經과 권權 각기 나라를 위한 것
二老經權各爲公

최명길 묘소
청주시 북이면 대율리에 있다. 나라를 구하기 위해 목숨을 아끼지 않은 삶이었지만, 사후에도
주화론자라는 낙인 때문에 인조의 묘정에 배향되지 못했다. (사진출처 문화재청 홈페이지)

하늘을 받드는 큰 절개요 시대를 구한 공이로다.

擎天大節救時功.

_《白江集》, 卷2, 呈淸陰遲川兩相公

다만 최명길이 김상헌보다 유연한 사고를 할 수 있었던 것은 그가 어려서 양명학을 배웠던 것과 무관하지 않다. 그는 어린 시절 장유와 함께 남언경南彦經의 아들 남격南格에게서 양명학을 배웠고, 중년에도 베껴 두었던 육상산과 왕양명의 글을 읽곤 했다. 게다가 심양의 옥에 있을 때도 아들 최후량崔後亮에게 양명학의 가르침을 따라 공부해 볼 것을 권유하기도 했다. 최명길의 현실주의적 사고는 그의 학문적 유연성에서 비롯되었다.

_____ 공민왕이 후사後嗣를 보지 못하고 세상을 떠난 후, 신우辛禑가 왕위를 도적질했다가 죄가 있어 사양하고 물러갔고, 아들 창昌이 왕위를 물려받아 국운國運이 다시 끊어졌다. 다행히 장수將帥의 힘에 도움을 받아 정창부원군(공양왕)에게 임시로 국사를 서리署理하게 했으나, 곧 혼미昏迷하고 법에 어긋난 행동을 하므로, 여러 사람이 배반하고 친척들이 이반離叛하여 능히 종사를 보전할 수 없었다. _《태조실록》, 1년 7월 28일

이 글은 1392년 7월 28일 반포된 태조 이성계의 즉위 교서 중 일부이다. 교서는 정도전이 지은 것이다. 공민왕이 사정私情에 끌려 신돈의 자식에게 왕위를 계승시켰고, 그것이 결국 고려를 패망의 길로 몰고 간 원인이었다는 당시의 통념을 반영했다. 그는 국가는 임금 개인의 것이 아니라 공공의 것이어야 한다고 생각했다. 그러기 위해서는 왕위 계승에 정통성을 갖추어야 하

고, 정통성 있는 왕위 계승을 위해 나이와 공로[年功]를 세자 책봉의 기준으로 삼아야 한다고 주장했다.

그러나 조선은 건국 초부터 정도전이 제시한 왕위 계승 원칙들을 제대로 지키지 않았다. 이성계는 연공을 무시하고 막내아들 이방석李芳碩을 세자로 책봉했지만, 이복형들의 반발로 폐세자되었다. 이것이 조선 최초의 세자가 폐위된 제1차 왕자의 난(1398)이었다. 곧이어 이방간李芳幹과 이방원李芳遠 사이의 왕권 경쟁 때문에 발생한 제2차 왕자의 난(1400)으로 정종이 왕위를 이방원에게 선양했다. 단종 1년(1453)에는 수양대군이 계유정난을 일으켜 조카의 왕위를 찬탈했고, 성종은 형 월산대군이나 예종의 적자 제안군을 제치고 정희왕후와 한명회 등 후견세력에 의해 13세에 임금이 되었다. 적자로서 왕위를 계승해 종법상의 정통성에는 문제가 없었지만, 자신의 실덕失德으로 폐위된 사례도 있었다. 1506년 중종반정으로 방벌放伐된 연산군의 경우였다.

왕조 국가에서 왕위 계승은 기본적으로 혈통의 서열을 준수했기 때문에 적격한 자질을 갖춘 임금의 즉위가 늘 보장되지는 않았다. 그런데도 조선 전기에는 중종반정을 제외하면 왕위 계승이 확정된 이후에는 왕권 자체에 대한 정통성 시비 논쟁은 효과적으로 차단되었다. 두 차례 왕자의 난을 거쳐 왕위에 오른 태종도 그러했고, 태종 때 세자가 양녕대군에서 충녕대군으로 교체되어 세종이 즉위한 뒤에도 그리고 조카의 왕위를 찬탈하고 임금이 된 세조 때도 그랬다. 태종, 세종, 세조가 강력한 왕권을 행사했기 때문이기도 했지만, 당시의 학풍이 사장詞章 중심의 유학에 머물러 있었고, 예학禮學도 발달하지 못해 지식인들의 학문이 왕권의 정통성을 시비할 수준에 오르지 못했기 때문이다.

하지만 조선 후기부터 상황이 달라지기 시작했다. 특히 현종 때는 지식인들 사이에서 효종의 종법상宗法上 지위를 둘러싸고 치열한 논쟁이 벌어지기도 했다. 병자호란 후 심양에서 돌아온 소현세자가 급서急逝하고 봉림대군(효종)이 차자次子로서 왕위를 계승했기 때문이다. 논쟁은 효종 사후 그리고 효종 비 인선왕후 장씨 사후 두 차례 있었다. 모두 인조의 계비 자의대비 조씨가 입을 상복의 종류 문제로 불거진 논쟁이었지만, 지식인들은 이 문제를 계기로 효종의 법통 자체를 시비의 대상으로 삼았다. 제1차 기해예송己亥禮訟(1659)에서는 효종의 법통상 하자를 지적한 서인설이 채택되었지만, 제2차 갑인예송甲寅禮訟(1674)에서는 효종의 법통을 공인한 남인설이 채택되었다. 사대부가와 제왕가의 예법이 다를 수 없다며 상례의 보편성을 강조했던 서인의 주장이 왕권에 맞선 측면이 강했지만, 제왕가의 특수성을 강조한 남인들 역시 왕권의 부당한 행사에 침묵하지는 않았다.

19

그림자에도 부끄럽지 않다, 김집金集

1574~1656

군자가 책망하는 것

• **족부족**

　足不足

　남들은 군자가 늘 자족한다고 하지만

　人云君子長自足

　나는 군자가 늘 부족해 한다 말하지

　我謂君子長不足

　남들은 소인이 늘 부족해 한다고 하지만

　人云小人長不足

　나는 소인이 늘 자족한다 말하지

我謂小人長自足

그대 보듯 군자는 자기 책망 두터워서
君看君子責己厚

그만하면 족한데도 부족하다 여기지만
已足猶自爲不足

내 보기에 소인은 자기 갖추는 데 소홀해서
我見小人待己廉

부족한데 도리어 만족하다 여기지
不足還自爲滿足

이것은 김집이 쓴 '족부족足不足'이란 시의 일부다. 흔히 군자는 욕망을 버리고 자신이 가진 것에 만족하는 사람이고, 소인은 자신이 가진 것에 불만을 품고 욕망을 추구하는 사람으로 여겨졌다. 그러나 김집은 반대로 생각했다. 그에게 군자란 언제나 자신의 수양 부족을 불만족해 하는 존재였고, 반면에 소인은 수양이 부족해도 그것으로 만족해 하는 존재였다. 이 시에도 현재의 성취에 만족하지 않고 자신을 채찍질했던 그의 올곧은 성품이 오롯이 담겨 있다.

부전자전

김집은 말을 배우자마자 곧바로 글자를 깨우쳤던 남달리 영특한 아이였다. 3세 때 이미 할아버지의 무릎에 앉아서 입에 손가락을

김집 사당

김집의 위패를 모신 사당이다. 충남 논산시 연산면 임리에 있다. (사진출처 문화재청 홈페이지)

세우고선 이것이 '중中' 자라고 말할 정도였다. 그의 아버지는 아이가 5~6세 때부터 무리 지어 놀거나 희학질하는 법이 없었고, 손님에게 예의를 갖출 줄 알았다고 자랑스러워했다. 그의 할아버지는 예조 참판을 지냈지만 청렴하고 검소한 생활로 유명했던 김계휘였고, 그의 아버지는 조선 예학의 선구자 김장생이었다. 위 시에 나타난 김집의 굳센 성정은 할아버지와 아버지에게 물려받은 가풍家風의 소산이었다.

김집은 8세 때부터 송상현宋象賢과 송익필을 스승으로 모시면서 주희가 쓴 《자치통감강목》을 읽기 시작했다. 남들은 《천자문》이나 겨우 뗄 나이에 그는 중국 역사서를 읽을 정도로 문리가 트였다. 18세 때는 진사 시험에 2등으로 합격했다. 관례를 치르기 전이었지만, 문장과 필체가 뛰어나 김계휘가 손자를 잘 두었다는 칭송이 자자했다. 이처럼 김집은 어려서부터 문필이 화려했지만, 그것을 탐탁히 여기지 않고 오로지 성현의 학문에만 전념했다. 또 그는 글씨를 여사餘事로 여겼지만, 획畫이 바르고 힘이 있어 그의 필적을 얻은 이는 세상에서 구하기 어려운 보물로 여겼다.

어버이 사라신 제 셤길 일란 다 ᄒᆞ여라

김집은 37세 때 처음으로 헌릉 참봉에 제수되었지만, 사양하고 부임하지 않았다. 40세 때(광해군 5년, 1613)는 철원 부사로 재직하던 아버지가 계축옥사에 연루되는 것을 목격하고 더더욱 관직에 뜻을

김집의 영의정 추증 교지

김집은 83세로 생을 마감하는 순간까지 몸단속을 단정히 했고 '신독'의 삶을 추구했다.

두지 않게 되었다. 계축옥사는 광해군 때 집권한 대북大北 세력이 정권에 위협이 되는 영창대군永昌大君을 제거하기 위해 일으킨 사건이다. 영창대군은 선조의 14명 아들 중 유일한 적자嫡子였다. 이 때 김장생의 서제庶弟 김경손金慶孫과 김평손金平孫이 고문 끝에 옥사했고, 김장생도 연좌되었으나 심문 과정에서 무혐의로 풀려났다. 당시 김집은 철원에 있다가 서울로 가서 사건이 마무리되는 것을 본 뒤에 아버지를 모시고 고향 연산連山으로 돌아갔다.

계축옥사 이후 10년간 학문에만 매진하던 김집이 다시 관직에 나간 것은 그가 50세 되던 해(1623)였다. 인조반정으로 집권한 서인 세력이 정권에 대한 지지를 끌어내기 위해 은둔한 산림山林들을 대거 등용하면서 김집에게도 6품직이 제수되었기 때문이다. 원래 조정에서는 김집에게 사헌부 일을 맡기려 했지만, 김집이 부모님 봉양에 편리한 고을을 원해서 부여扶餘 현감(종6품)으로 임명했다.

그는 정묘호란(1627)이 일어나던 해(54세)까지 부여에서 선정을 펼치다가 그해 7월에 병으로 사임했다. 이듬해 11월엔 임피臨陂 현령(종5품)에 임명되었지만, 다음 해 7월에 곧바로 관직을 버리고 고향으로 돌아갔다. 아버지의 엄명에 따라 어쩔 수 없이 부임은 했지만, 아버지 곁을 오래 떠날 수 없었기 때문이다. 그가 57세 되던 해에는 세자익위사 위솔(종6품)과 전라도사(종5품)에 제수되었으나, 팔순이 넘은 아버지를 가까이서 봉양하기 위해 모두 사양하고 부임하지 않았다.

임금에게 성실과 청정을 충고하다

김집이 60세 되던 해(1633)에 아버지의 삼년상을 마치자 그 이듬해부터 인조는 그를 조정의 요직으로 다시 부르기 시작했다. 그의 나이 60대 전반에는 주로 사헌부의 지평(정5품, 61세), 장령(정4품, 63세), 집의(정3품, 63세) 등의 벼슬이 내려졌고, 60대 후반에는 승정원의 동부승지(정3품, 66세)와 우부승지(정3품) 등의 직책이 주어졌다. 70대에는 세자시강원 찬선(정3품, 74세), 공조 참의(정3품, 76세) 등에 임명되었다. 그러나 경연에 참석한 것 외에는 그가 인조의 조정에서 실제로 봉직한 적은 거의 없었다. 인조가 반정의 명분과 지지를 확보하기 위해 산림을 대거 불러들이기는 했지만, 산림의 의견을 국정에 반영하려는 적극적인 의지를 보이지 않았기 때문이다.

그래서 김집은 경연 석상에서 임금 인조에게 뼈 있는 말을 남겼다. "이 세상의 모든 일이 임금의 마음 하나에 달려 있다. 마음을 다스리는 데 있어 가장 중요한 것은 성실이다." 김집의 이 말에 인조도 "나더러 성실성이 부족하다고 하는 사람들이 많다"고 고백했다. 그러자 그는 또다시 임금에게 "아는 것이 어려운 것이 아니라 실천하는 것이 어려운 것"이라고 충고했다. 당시 그는 66세의 원로였지만, 전혀 노회老獪하지 않았다.

인조에 이어 효종도 김집을 조정의 요직으로 불렀다. 김집은 효종이 즉위한 해(1649)에 76세의 나이로 예조 참판, 공조 참판(종2품), 사헌부 대사헌(종2품)에 임명되었지만, 사직 소를 올리고 부임하지 않았다. 대신 김집은 대사헌을 사직하는 상소문 끝에 정치하는 도리에 대해 다음과 같이 쓴소리를 했다.

"임금으로서 남의 말을 듣는 도리는 오직 마음을 비우고 받아들이는 데 있을 뿐이다. 상대의 말이 혹시 마음에 들지 않더라도 그것에 대해 말할 때는 반드시 조용하고 평온하게 해서 화기和氣를 잃지 말아야 한다. 갑자기 불평을 터뜨려 신하들이 임금 (도량의) 얕고 깊음을 논란하게 해서는 안 된다."

바른 정치의 시작은 여러 사람의 말을 귀담아듣는 청정聽政에 있음을 환기하는 말이었다.

개혁의 두 조건

김집의 거듭된 사직 요청에도 불구하고, 효종은 그를 공조 참판, 사헌부 대사헌, 이조 판서(정2품)로 불러들였다. 특히 대사헌과 이조 판서는 나라의 기강을 바로잡고 인재를 선발하는 책임을 진 자리였다. 그러나 김집은 이조 판서 재직 시 우의정 김육金堉과 대동법 및 인사권 문제로 마찰을 빚고 말았다. 당시 김육은 대동법 시행을 건의하며 인사권은 임금의 고유 권한이므로 아랫사람이 마음대로 행사하게 해서는 안 된다고 주장했다. 반면에 김집은 대동법 시행을 반대하며 원로대신에게 인재 선발을 일임하자고 제안했다.

그러나 김집도 대동법 자체를 반대한 것은 아니었다. 다만 그가 대동법 시행을 반대했던 것은 다음과 같은 두 가지 이유 때문이었다. 첫째, 먼저 정치 체계를 바로잡고 세세한 절목節目을 고치는 것이 개혁의 순서라는 것이었다. 둘째, 개혁이 초래할 부정적 효과를 신중히 검토한 뒤에 일을 추진해야 한다는 것이었다. 김집의 반대에 대해 김육은 "시대의 조류를 거스르다가는 죽음을 면치 못할 것"이라며 반발했다. 김집도 그 말을 듣고 소름이 끼쳐 안정이 안 된다며 결국 사직하고 고향으로 돌아가 버렸다. 효종 1년(1650년) 1월 그가 77세 되던 해의 일이었다.

서투를지언정 꾸미지 않는 삶

그해 3월에는 청나라가 여섯 명의 사신을 한꺼번에 파견해 김상헌과 김집을 북벌론의 주모자로 지목하는 사태가 벌어졌다. 김집의 제자였던 송준길이 인조반정의 공신 김자점金自點을 탄핵하자, 김자점이 청나라를 동원해 자신의 세력을 만회하려고 역관 이형장李馨長을 통해 조선의 내정을 청나라에 밀고하면서 벌어진 일이었다. 다행히 영의정 이경석李景奭 등이 적극적으로 주선하고 효종도 직접 수습에 나서 사태가 확산하진 않았지만, 김집은 조정에서 더 할 수 있는 것이 아무것도 없다고 판단하고 다시는 출사하지 않았다. 그러고는 아버지 김장생이 저술한《의례문해》를 교감하는 작업에 매달렸다. 이 작업을 위해 그가 제자들과 나눈 문답이 후에《의례문해속疑禮問解續》으로 출간되었다. 그 외에 그는 76세 때 효종에게 예제禮制 개혁을 건의하기 위해《고금상례이동의古今喪禮異同

議》를 집필했다.

김집은 83세를 일기로 생을 마감하는 순간까지 남에게 보낼 서찰도 손수 쓸 정도로 평소와 다름없이 몸단속을 단정히 했다. 그러면서 주위의 제자들에게 말했다.

"내가 죽고 사는 이치에 훤하기 때문에 흔들리는 마음이 없는 것이다. 이것만은 옛사람에게도 부끄럽지 않다."

김집은 평소 "혼자 갈 땐 그림자에도 부끄럽지 않고, 혼자 잘 땐 이불에도 부끄럽지 않다[獨行不愧影 獨寢不愧衾]"는 서산西山 채원정蔡元定의 말을 매우 좋아했다. 그래서 늘그막에 서재의 편액에 '신독愼獨' 두 글자를 새겨두었다. 신독은 《대학》에 나오는 "군자는 반드시 홀로 있을 때도 삼가야 한다[君子必愼其獨也]"는 말을 줄인 것이다. 그래서 세상에서는 김집을 '신독재愼獨齋 선생'이라 불렀다. 그는 낮을지언정 높아지려 하지 않았고, 서투를지언정 겉만 꾸미려 하지 않았다[寧卑無高 寧拙無巧]. 그는 세속이 추구하는 것과 반대의 삶을 살았지만, 그의 신념과 학문은 고종 20년(1883)에 단행된 문묘 종사로 국가에 의해 공인되었다. 그의 사후 227년 만의 일이었다.

20

독부가 되지 않는 길, 송준길宋浚吉

1606~1672

서인의 제자, 남인의 사위

1606년 12월 28일 한성 정릉동에서 송준길이 태어났다. 후사가 없어 걱정하던 아버지 송이창宋爾昌(1561~1627)이 46세에 얻은 늦둥이였다. 태몽은 이웃에 살던 조신朝臣 이덕순李德純이 대신 꿔주었다. 그의 꿈에 하늘나라 사람이 나타나서 곧 아들을 낳게 될 송이창에게 산구産具를 전해주라고 했다는 것이다. 그가 태어난 곳은 김계휘가 살던 곳으로, 그의 아들 김장생과 손자 김집이 모두 이 집에서 출생했다. 그래서 사람들은 이곳을 삼현대三賢臺라 불렀다.

송준길이 처음 글을 읽은 것은 9세 때였다. 이때부터 1년 만에 《사략史略》을 뗐고, 10세 때 쓴 글씨는 당대의 명필 이시직李時稷으로부터 "네 글씨가 나보다 낫다"는 평가를 받았다. 양송兩宋으로 불리던 송시열과 송준길이 함께 공부하기 시작한 것도 이 무렵이었다. 훗날 송시열은 이때를 이렇게 기억했다. "나는 8, 9세 때 송준길의 집에서 자랐는데, 늘 송준길과 옷을 같이 입었다. 내가 입은 옷이 해지고 이가 들끓으면 송준길은 어머니께 말씀드려 자기 옷을 벗어 주었다."

송준길은 18세 때(1623)부터 김장생의 문하에서 수학했고, 김장생으로부터 장차 예학가禮學家의 종장宗匠이 될 재목이라는 평가를 받았다. 그해 가을에 생원 진사 초시에 합격했고, 10월에 류성룡의 문인 정경세鄭經世의 딸에게 장가들었다. 송준길은 서인 김장생의 문하에서 공부했지만, 남인 정경세를 장인이면서 동시에 스승으로 받들었다. 그래서 장가들고 10년 뒤 장인이 돌아가시자 사제師弟의 복을 입고 상을 치렀다.

측근을 비호하지 말라

그는 19세 때 생원 진사 회시會試에 합격했고, 20세 때 별시別試 초시에 합격했다. 25세 때 세자익위사 세마(정9품), 27세 때 내시교관(종9품)에 임명되었지만, 모두 공부가 모자란다는 이유로 부임하지 않았다. 28세 때는 동몽교관에 임명되어 잠시 취임했지만, 장인상을 이유로 곧바로 사임하고 귀향했다. 그 후에도 그는 인조 조정으로부터 대군사부(종9품), 예산禮山 현감(종6품), 형조 좌랑(정6품), 사헌부 지평(정5품), 한성부 판관(종5품) 등으로 부름을 받았지만, 모두 부임하지 않았다.

송준길이 본격적으로 정치에 투신했던 것은 효종 즉위 후였다. 그는 효종이 즉위한 해인 44세 때 사헌부 장령(정4품)과 집의(정3품)에 임명되었고, 경연참찬관을 맡아 경연에도 참여하기 시작했다. 경연은 임금 앞에서 유교 경전을 강의하던 자리였지만, 신하들에게는 시국을 논하고 임금의 실정을 논박하는 기회이기도 했다. 송준길은 효종 즉위년(1649) 11월 18일 임금을 인견引見한 자리에서 횡포를 부린 대군의 가노家奴를 처벌할 것을 요청하며 말했다. "법이 행해지지 않는 것은 반드시 측근으로부터 시작됩니다. 측근에게 법을 시행하지 않는다면 법관이 무슨 소용이겠습니까? 전하께서는 어찌하여 아우와 자제를 비호하는 기색을 남에게 보이십니까? 이런 일은 향리에서 명예를 지키려는 자들도 수치로 여기는 것인데, 성상의 마음속에 어찌 한 점이라도 편벽된 생각을 품을 수 있겠습니까?"

이후 송준길은 효종에 의해 세자시강원 진선(정4품), 찬선(정3품), 사헌부 집의(정3품), 이조 참의(정3품)에 임명되었으나 번번이 사양했다. 그러나 효종은 벼슬하지 않는 것은 군신의 의리를 무시하는 것이라며, 송준길을 거듭 찾았다. 게다가 당시에는 송시열이 이미 찬선으로 있었지만, 효종은 찬선이 꼭 한 명일 필요는 없다며 송준길을 불러들였다. 결국, 송준길도 52세 때 찬선직을 수락했다.

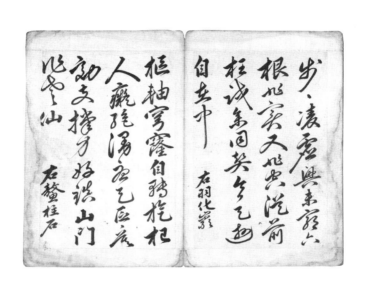

송준길의 행초 필적
10세 때 쓴 글씨를 보고 당대의 명필 이시직은 "네 글씨가 나보다 낫다"라고 평했다.

사마골의 교훈

송준길은 이때도 직언을 서슴지 않았다. 그는 효종이 즉위 초에 밝힌 포부를 10년이 다 되도록 완수하지 못한 잘못을 작심하고 따져 물었다. 그러면서 효종의 문제는 공사公私, 시비是非, 의리義利, 왕패王霸를 제대로 구분하지 못한 것에 있다며, 오吳나라에 복수하기 위해 와신상담臥薪嘗膽했던 월越나라 임금 구천句踐을 본받으라고 요구했다. 그러고는 임금이 방사放肆하지 않겠다고 약속한다면 자신도 사마골死馬骨이 되겠다고 다짐했다.

사마골은 죽은 말의 뼈라는 뜻이다. 전국시대 때 연燕나라 소왕昭王이 곽외郭隗에게 인재를 추천하게 하자 곽외가 임금에게 했던 다음과 같은 말에서 유래했다. "옛날에 어떤 임금이 내관에게 천 금을 주며 천리마를 구해 오게 했습니다. 그러나 말이 이미 죽어버려 오백 금을 주고 말의 뼈만 사서 돌아왔습니다. 임금이 노하자 내관은 죽은 말 뼈도 사 왔으니 머지않아 천리마를 구할 수 있을 것이라고 답했습니다. 그리고 1년이 못 되어 천리마를 세 마리나 구하게 되었습니다. 그러니 인재를 구하려면 나부터 등용하십시오. 그러면 나보다 어진 사람들이 불원천리不遠千里하고 앞다퉈 모일 것입니다." 송준길이 사마골이 되겠다는 말은 자신이 인재를 불러 모을 구심점 역할을 하겠다는 뜻이다. 산림 세력에 대한 그의 위상과 정치적 영향력을 반영한 자신감의 표현이기도 했다.

다음 해에도 송준길은 임금의 잘못된 처분을 따끔하게 지적했다. 이때 그가 임금을 가르치기 위해 거론한 것은 《논어》 '위정爲政' 편에 나오는 노魯나라 애공哀公과 공자의 문답이었다.

애공: 어떻게 하면 백성들을 따르게 할 수 있습니까?
공자: 곧은 사람을 등용하고 곧지 못한 사람을 버리면 백성들이 따르지만, 곧지 못한 사람을 등용하고 곧은 사람을 버리면 백성들이 따르지 않습니다.

송준길은 이 문답을 인용하면서 효종이 법대로 하는 자는 버리고 법을 왜곡하는 자는 오히려 등용하기 때문에 인심을 안정시킬 수 없다고 힐난했다.

밀실정치는 없다

효종은 송준길의 직언에 때때로 불편한 심기를 드러내긴 했지만, 그에게 호조 참판(종2품), 사헌부 대사헌(종2품), 이조 참판 성균관 좨주(정3품) 등의 직책을 거듭 맡겼다. 물론 송준길도 궁궐 내의 은밀한 문제에 대해서도 바른말을 아끼지 않았다. 한번은 송준길이 이런 말도 했다.

"궁내의 말이 외부로 유출되는 것을 근심할 필요는 없습니다. 이 것은 궁내의 좋은 말이 외부로 전파되면 아름다운 명예가 되고, 좋지 않은 말이 유출되면 신하들이 듣고서 간할 수 있기 때문입니다.

또한, 궁내에서 유출된 말에 설령 진실이 아닌 것이 있더라도, 그런 점이 있으면 고치고 없으면 더욱 분발할 수 있기 때문입니다."

송준길은 54세 때 병조 판서(정2품), 지중추부사(정2품), 의정부 우참찬(정2품)에 임명되었고, 이 해 5월 효종이 승하하고 현종이 즉위한 뒤에는 이조 판서에 임명되었다. 이때도 송준길은 현종에게 궁궐 밖의 왕자들과 그 부인들이 인조의 계비인 자의대비의 처소에 절제 없이 출입하며 며칠씩 궁궐에서 유숙한다는 소문이 돈다며, 작은 사랑에 이끌리지 말라고 충고했다. 그리고 다음 해에도 송준길은 임금이 궁궐 단속과 친인척 문제에 조금도 사심이 없다는 것을 믿지 못하겠다며, 임금의 철저한 반성을 요구했다.

효종의 승하로 자의대비의 복제服制가 논란에 휩싸이자, 송준길은 송시열과 뜻을 같이하며 기년복朞年服(1년)을 주장했다. 반면에 당시 허목을 비롯한 남인 학자들은 효종이 둘째 아들이었지만, 왕위를 계승했기 때문에 적장자로 간주해 3년복을 입어야 한다고 주장했다. 그러나 송준길은 적처嫡妻 소생으로 10명의 아들이 있고 첫째 아들이 죽어 부모가 그를 위해 이미 3년복을 입었는데, 불행히도 둘째, 셋째, 넷째, 다섯째, 여섯째가 차례로 죽어 모두 3년복을 입어야 한다면 그처럼 비합리적인 것이 없다고 주장했다. 1년복을 주장한 서인의 논점은 효종의 왕위 계승이 체이부정體而不正에 해당한다는 것이었다. 체이부정이란 선왕의 혈통[體]은 이어받았지만, 적장자[正]가 아니라는 뜻이다. 인조에게는 소현세자가 적장자

대전 회덕 동춘당
송준길의 별당이다. 늘 봄과 같다는 뜻의 동춘당은 그의 호를 따서 지은 것으로 이곳에 걸린 현판은 송준길 사후 숙종 4년(1678)에 우암 송시열이 쓴 것이다. 대전 대덕구 송촌동에 있다.
(사진출처 문화재청 홈페이지)

였으며, 효종은 적장자가 아닌 서자庶子로서 왕위를 계승했다는 것이었다. 서인들은 서자를 첩의 아들[妾子]이 아니라 첫째를 제외한 적처 소생의 여러 아들로 해석했고, 첫째 이외의 아들들을 위해 부모가 1년복을 입는 것은 제왕가의 경우에도 예외일 수 없다는 주장이었다.

임금의 국사에 핑계는 없다

기해년(1659)의 예송을 승리로 이끈 송준길은 이후 현종에 의해 의정부 우참찬, 이조 판서, 사헌부 대사헌, 성균관 좨주, 의정부 좌참찬(정2품), 세자시강원 찬선 등에 거듭 임명되었다. 그 사이 그가 한결같이 아뢴 말은 임금의 과실은 큰일에서 생기는 것이 아니며, 작은 일을 소홀히 하다가 마침내 국가를 수습할 수 없는 지경에 이르게 할 수도 있다는 것이었다. 한번은 현종이 안질眼疾을 핑계로 국사를 소홀히 한 적이 있었다. 그러자 송준길은 승지에게 문건을 읽게 하여 들으면서 사안의 경중과 우선순위에 따라 적절하게 처결하면 된다며 임금을 압박하기도 했다. 그의 나이 56세 때의 일이었다.

그는 60세 때, 현종에게 장주章奏와 송사의 안건들을 쌓아두고 처리하지 않는 병통이 있다며 질책했고, 61세 때는 현종이 자신이 시행한 조치와 정령을 부끄럽게 여기지 않아 스스로 힘쓰고 쉬지 않으려는[自强不息] 군자의 태도가 없다고 비난했다. 이처럼 송준길이 일관되게 임금과 맞설 수 있었던 것은 임금에게는 반드시 두려워할 만한 신하가 있어야 한다는 소신 때문이었다.

송준길이 올린 마지막 상소도 임금의 전교에 분노에서 나온 말들이 많으니 사과의 성지聖旨를 내려 뉘우치는 뜻을 보이라는 것이었다. 그가 67세 되던 해(1672) 4월에 올린 상소였다. 그는 그해 12월 2일 생을 마감하는 순간까지 자손의 얼굴은 알아보지 못하면서도 그의 목에서 나오는 말은 오직 나라 걱정뿐이었다고 한다. 그러나 송준길은 숙종이 즉위하고 남인이 집권하면서 관작이 삭탈되었고, 영조 32년(1756)에야 송시열과 함께 문묘에 종사되어 정치적으로 복권되었다. 양송의 문묘 종사는 노론 독주의 결과이기도 했지만, 독부獨夫의 국정 농단에 맞선 지식인의 저항 정신을 현창하려는 여망의 반영이기도 했다.

21

신념의 정치가,
송시열宋時烈

1607~1689

정적에게 약방문을 청하다

송시열은 소싯적부터 어린애 오줌을 받아먹곤 했다. 그런데 나이가 들어 창자에 오줌버캐가 쌓여 다 죽게 되었다. 백약이 무효였다. 그래서 송시열은 글과 약에는 원수가 없다며 아들을 시켜 허목에게 약방문藥方文을 부탁했다. 허목이 알려준 비방은 비상砒霜 석 돈쭝을 먹이고 죽을 정도로 등줄기를 힘껏 차라는 것이었다. 아들은 허목의 처방을 그대로 보고할 수 없어서 비상을 두 돈쭝 드시게 하고 등을 차라고 했다고 고쳐 보고했다. 송시열은 허목의 처방을 옳게 여겼고, 아들은 비상 두 돈쭝을 드시게 하고 아버지의 등도 살며시 찼다. 그랬더니 송시열의 몸속에서 뭔가 튀어나왔고, 결국 약을 먹은 만큼 더 살다가 죽었다.

한 시대를 풍미한 인물답게 송시열을 둘러싼 여러 일화가 전해지고 있다. 그중에 이 설화는 정적政敵에게 약방문을 청했고, 그 요구에 흔쾌히 응했던 송시열과 허목의 담대한 풍모를 보여준 이야기다. 그러나 이 이야기를 통해 정쟁 속에서도 인간적 신뢰를 잃지 않았던 붕당 정치의 모습을 전하는 또 다른 시선을 읽을 수 있다. 송시열은 정쟁의 화신이었을까? 아니면 신념의 정치가였을까?

송시열의 어머니는 명월주明月珠를 삼키는 태몽을 꾸었고, 아버지 송갑조宋甲祚는 공자가 집으로 찾아오는 꿈을 꾸었다. 그래서 어릴 때 이름을 성인이 보낸 아이라는 뜻에서 성뢰聖賚로 지었다. 꿈이 실현되기를 기대한 아버지는 12세 아들에게 "주희는 후세의 공자이고 이이는 후세의 주희"라며, 공자를 배우는 첫걸음으로 이이의 《격몽요결》을 가르쳤다.

송시열은 21세 되던 해에 정묘호란을 겪었다. 이때도 아버지는 임금이 있는 행재소行在所로 가면서 편지를 보내 난리 때문에 학문을 게을리하지 말라고 당부했다. 편지 속에는 《논어》 '이인里仁' 편의 "아침에 도를 들으면 저녁에 죽어도 좋다[朝聞道 夕死可矣]"는 말도 인용되어 있었다. 사는 동안 진리를 깨달았다면 언제 죽어도 여한이 없다는 뜻이다. 송시열은 이 말을 일생의 화두로 삼았다.

봉림대군의 스승

송시열은 27세 때 생원 시험에 장원으로 합격해 경릉敬陵 참봉

송시열 초상

송시열은 조선의 대표적 성리학자이자 신념의 정치가였고 평생 주자학 연구에 몰두하여 율곡
이이의 학통을 잇는 기호학파의 주류였다. 국립박물관 소장. (사진출처 문화재청 홈페이지)

에 임명되었지만, 부모 봉양을 이유로 사직했다. 송시열의 실질적인 첫 관직은 29세 때 맡은 대군사부(종9품)였다. 다만 이때 인조비 인열왕후가 서거하여 봉림대군을 위한 본격적인 강학은 다음해부터 시작되었다. 그런데 그마저도 그해(1636년) 겨울 발발한 병자호란으로 두 사람의 만남은 오래 지속되지 못했다. 강화도로 들어간 봉림대군과 인조를 따라 남한산성으로 간 송시열의 피난길이 엇갈렸고, 전쟁 뒤에는 봉림대군이 소현세자와 함께 청나라에 볼모로 잡혀갔기 때문이다. 봉림대군과 짧지만 운명적인 대면은 이렇게 시작되었다.

그 후 송시열은 39세 때 인조로부터 봉림대군을 가르치라는 명을 받았으나 부임하지 않았다. 8년 동안 청나라에 볼모로 잡혀 있던 소현세자가 1645년 4월 귀국한 지 두 달 만에 급서하자, 인조가 그해 윤 6월 2일 봉림대군을 세자로 책봉하고서 세자의 옛 스승 송시열을 다시 불렀다. 그 후에도 인조는 41세의 송시열을 세자시강원 진선(정4품)으로 불렀으나 취임하지 않았다.

송시열이 본격적으로 정치 활동을 시작한 것은 봉림대군이 효종으로 즉위한 이후였다. 효종은 재위 기간 송시열을 세자시강원 진선, 사헌부 장령(정4품)과 집의(정3품), 승정원 동부승지(정3품), 세자시강원 찬선(정3품) 예조 참판(종2품) 등으로 거듭 승진시켜 불렀지만, 모두 취임하지 않았다. 효종이 재위하던 10년 동안 송시열이 실제로 봉직했던 관직은 47세 때 충주 목사(정3품), 49세 때와 52

세 때 이조 참의(정3품) 그리고 52세 때 맡았던 이조 판서(정2품)뿐이었다.

봉사와 독대

이 기간에 송시열이 정치에 간여하던 방식은 주로 봉사封事와 독대獨對였다. 송시열이 올린 첫 번째 봉사는 효종이 즉위하던 해 기축년(1649)에 올린 '기축봉사己丑封事'였다. 그의 나이 43세 때였다. 봉사란 국가의 기밀에 관계된 내용을 책자로 만들어 임금에게 직접 올리는 상소를 말한다. 송시열은 기축봉사에서 갓 즉위한 효종이 유념해야 할 13가지 정치 요목을 제시했고, 그중 마지막 핵심이 '정사를 닦아 이적을 물리치는 것[修政事而攘夷狄]'이었다. 논지는 북벌의 대의를 실천하기 위해서는 먼저 국가의 기강을 바로잡아야 한다는 것이다.

송시열은 51세 때 두 번째 봉사를 올렸다. 효종 8년 정유년(1657)에 올린 '정유봉사丁酉封事'였다. 송시열은 이 봉사에서 효종이 즉위후 8년 동안 그럭저럭 세월만 보냈다고 꼬집으며, 임금에게는 털끝만큼의 사욕도 용납되지 않는다고 강조했다. 송시열이 경계한 것은 임금 개인의 사욕만이 아니었다. 그는 임금을 빙자해 사익을 추구하는 훈척대신勳戚大臣의 비리도 근절하라고 요구했다. 만약 이것을 실천하지 못한다면 뜻있는 선비들로부터 임금이 와신상담의 의지는 없고 향락에서 헤어나지 못한다는 비난을 받게 될 것이라고 경고했다. 송시열은 봉사에서 왕실의 재정 낭비를 줄이고 대동법을 개혁해 양민養民과 양병養兵에 힘쓰자고 제안했다. 송시열은 자신의 말대로 죽음을 무릅쓰고 봉사를 올렸고, 효종도 봉사에 폐부肺腑에서 우러난 지성스러운 뜻이 담겼다며 기꺼이 용납했다.

송시열은 53세 때인 효종 10년(1659) 3월 11일 임금과 독대하는 특전特典을 누렸다. 이른바 '기해독대己亥獨對'였다. 두 사람은 독대에서 네 가지 민감한 정치적 현안을 논의했다. 첫째는 북벌 문제였다. 효종은 10년 안에 정예 포병 10만 명을 양성해 북벌을 추진하겠다며 송시열에게 이조와 병조 판서 겸직을 제안했지만, 송시열은 양병뿐 아니라 양민의 중요성을 거론하며 제안을 거절했다. 둘째는 이이와 성혼의 문묘 종사 문제였는데, 효종과 송시열은 공론이 통일된 이후에 재론해도 늦지 않다는 점에 합의했다. 셋째는 소현세자빈 강빈姜嬪 옥사獄事 문제였다. 이 옥사는 소현세자가 급서한 후 인조가 자신의 수라상에 독이 든 전복구이를 올린 범인으로 강빈을 지목해 사사한 사건이었다. 이 문제에 관한 송시열의 입장은 강빈의 역모를 입증할 증거가 충분하지 않았다는 것이다. 그러나 효종은 강빈이 역모를 꾀한 것은 의심의 여지가 없다고 반박했다. 넷째는 강빈 옥사의 부당성을 상소한 김홍욱金弘郁에 대한 처리 문제였다. 이에 관해 효종은 강빈 옥사를 재론하는 자는 강 씨와 같은 죄로 다스릴 것을 이미 공포한바 있었지만, 송시열은 효종이 김홍욱을 성급히 장살杖殺해 언로言路를 막았기 때문에 의혹이 증폭되었다고 비판했다.

효종은 독대 후 송시열에게 대화의 내용을 외부에 누설하지 말 것을 당부했다. 그러나 송시열은 독대 다음 날 대화의 내용을 기록해 두었고, 송나라 3대 임금 효종이 장식張栻을 유악帷幄 안으로 불러 독대한 고사에 따라 '악대설화幄對說話'라고 명명했다.

서자 효종

10년 안에 북벌을 완수하겠다고 호언장담했던 효종은 독대 뒤 두 달 만에 갑자기 승하했다. 그리고 곧바로 효종의 정통성을 시비하는 두 차례의 논쟁이 조야朝野를 뒤흔들었다. 첫 번째 논쟁인 '기해예송'은 인조의 계비 자의대비가 효종을 위해 입을 상복의 종류와 기간을 둘러싼 논쟁이었다. 허목과 윤선도 등 남인은 효종이 비록 차자였지만 왕위를 계승했기 때문에 장자로 간주해야 하며, 따라서 자의대비는 3년복을 입어야 한다고 주장했다. 반면에 송시열과 서인은 효종이 서자로서 왕위를 계승했기 때문에 자의대비는 기년복(1년복)을 입어야 하며, 상례에는 제왕가와 사대부가의 구별이 있을 수 없다고 주장했다. 논란 끝에 첫 번째 예송논쟁은 서인의 승리로 종결되었다.

두 번째 예송인 '갑인예송'은 현종 15년(1674) 승하한 효종 비 인선왕후를 위해 자의대비가 입을 상복의 종류를 둘러싼 논쟁이었다. 이때도 서인들은 장자와 서자를 구분했던 송시열의 주장에 따라 자의대비의 복제는 둘째 며느리를 위해 입는 대공복(9개월복)이어야 한다고 주장했다. 반면에 효종을 장자로 간주했던 남인들은 첫째 며느리를 위해 입는 기년복을 주장했다. 기해예송 때는 서인의 위세에 눌렸던 현종도 이번에는 밀리지 않았다. 현종은 아버지 효종의 적장자 지위를 부정한 서인의 주장에 격분했고, 어머니를 위한 복제만은 첫째 며느리를 위해 입는 기년복으로 확정했다.

정쟁의 표적이 되어

갑인예송이 현종과 남인의 승리로 종결되면서 서인은 급속히 몰락했다. 69세의 송시열에게도 예송을 잘못 이끈 책임을 물어 유배형이 내려졌고, 결국 그는 74세 때까지 덕원德源, 장기長鬐, 거제巨濟, 청풍淸風 등의 유배지를 전전했다. 송시열이 유배에서 풀려난 것은 숙종 6년(1680)이었다. 이때 성년을 맞은 숙종은 경신환국庚申換局을 단행해 서인들을 다시 기용하기 시작했고, 송시열도 영중추부사(정1품)에 임명되었다.

그러나 숙종 15년(1689)에 발생한 기사환국己巳換局으로 그는 다시 제주로 귀양을 떠나야 했다. 희빈 장씨가 출산한 왕자를 숙종이 원자元子로 책봉하려 하자 송시열이 이를 반대했기 때문이다. 그리고 그는 국문鞫問을 받기 위해 서울로 압송되던 도중 정읍井邑에서 사약을 받았다. 83세의 노학자가 남긴 마지막 말은 그의 일생을 웅변했다. "아침에 도를 들으면 저녁에 죽어도 좋다고 스스로 다짐했는데, 끝내 들은 바 없이 죽는 것이 한이다."

송시열은 신념의 정치가였다. 그는 주희의 학설을 진리라고 믿었고, 주희의 학설에 대한 단 한 자의 정정도 용납하지 않았다. 게다가 그는 진리는 임금에게도 예외가 없다고 맞섰다. 그러나 송시열은 신념을 달리하는 정치가를 정적으로 몰았고, 자신도 정쟁의 표적이 되어 변덕스러운 왕권에 희생되었다. 그는 신념윤리에 충실한 정치가였지만, 신념윤리가 초래한 반동의 정치를 세상 탓으로 돌릴 수만은 없다. 정치가에게는 동기의 순수성을 강조하는 신념윤리만큼이나 권력투쟁이 만들어낸 악마적 결과들까지 감당하는 책임윤리도 중요하기 때문이다.

22

말을 기록하고
반성하고 실천하다,
허목 許穆

1595~1682

공자와 노자를 닮은 노인

마른 몸에 헌칠한 키

臞而頎

우묵한 정수리에 긴 수염과 눈썹

凹頂而鬢眉

손엔 문文 자, 발엔 정井 자 무늬가 있고

握文履井

담담하고 화평하다.

恬而熙.

_《眉叟記言》, 卷67, 又自贊

이 글은 노년의 허목이 자신의 초상화에 붙여 자신의 모습을 묘사한 것이다. 자신의 술회에 따르면 그는 나면서부터 손에 '문' 자무늬가 있었고, 눈을 덮을 정도로 눈썹이 길었다. 그래서 스스로 자字를 문보文父로 정했고, 별호를 미수眉叟라고 지었다. 정수리가 우묵하게 패인 것은 사마천이 기록한 공자의 모습과 닮았고, 긴 수염과 눈썹은 전설 속 노자를 닮았다.

아쉽게도 당시의 초상화는 현재 남아 있지 않다. 보물 1509호로 지정된 현존 초상화는 허목의 인품에 감동한 정조가 초상화 제작을 지시하자, 어진화사御眞畫師 이명기李明基가 82세 때의 초상화를 가져다 정조 18년(1794)에 모사模寫한 것이다. 비록 허목 생존 시에 화가가 직접 보고 그린 것은 아니었지만, 당대 최고 초상화가의 붓을 통해 허목 자신이 묘사했던 노학자의 담담하고 화평한 풍모가 오롯이 되살아났다.

그러나《숙종실록》에 기록된 허목의 자질과 모습에 대한 평가는 가혹했다.《숙종실록》1년 4월 10일 자에는 다음과 같이 기록되어 있다. "허목은 본래 학술이 없었고 몸가짐도 단정하지 못했지만, 전자篆字를 잘 썼다." "허목은 밖으로는 대범하고 명랑한 것 같지만 속은 간사했으며, 눈썹의 길이가 거의 한 치나 되었기에 스스로 미수라고 호를 지었다. 그러나 눈초리가 굽고 눈동자가 분명치 못했다." 허목에 대한 평가가 이처럼 엇갈리게 된 것은 그가 남인의 영수였고,《숙종실록》은 서인 주도로 기록되었기 때문이었다.

허목 전서 함취당

17세기를 대표하는 유학자이자 전서 명필 허목의 전형적인 글씨풍을 보여주는 편액이다.

(사진출처 문화재청 홈페이지)

임금에 영합하지 않은 죄

훗날 남인의 영수가 된 허목은 1595년 12월 한양 창선방彰善坊에서 태어났다. 그는 9세 때 글을 읽기 시작했는데, 처음에는 백 번을 읽지 않으면 외지 못했지만, 책 한 권을 뗀 후엔 막힘없이 글 뜻을 해석했다. 그는 19세 때 청백리淸白吏로 유명한 이원익李元翼의 손녀에게 장가들었다. 전해지는 이야기에 따르면, 손녀 사윗감을 찾고 있던 이원익이 가난한 선비 허목의 사람됨을 알아보고서 집안의 반대를 무릅쓰고 내린 결정이었다. 이원익은 평소에도 허목에게 예의를 갖추어 대하며, "뒷날 내 자리에 앉을 자는 이 사람"이라고 말하곤 했다.

그 후 허목은 집안의 기대에 부응해 예학에 밝은 정구鄭逑를 스승으로 섬겼고, 여러 유학 경전들을 익히며 과거를 준비했다. 그러나 인조 4년(1626)에 발생한 한 사건을 계기로 그는 평생 과거에 응시하지 않았다. 사건은 그해 1월 인조의 생모 계운궁 구씨가 사망하면서 시작되었다. 이때 인조는 계운궁의 상을 삼년상으로 치르고자 했고, 이를 통해 자신의 생부 정원대원군定遠大院君을 덕종德宗으로 추숭할 의지를 피력했다. 인조의 주장은 정원대원군을 임금의 아버지로 인정한 박지계의 주장에 따른 것이었다. 반면에 조정에서는 선조와 인조를 부자 관계로 보고 정원대원군과 인조를 숙질 관계로 간주하는 것이 중론이었다.

이 모두가 선조의 손자인 인조가 반정으로 광해군을 몰아내고 왕위에 올랐기 때문에 발생한 사달이었다. 그리고 이 논란의 와중에 동학東學의 재임齋任을 맡고 있던 허목이 삼년상 이론을 제공한 박지계에게 임금의 뜻에 영합해 예를 어지럽힌[逢君亂禮] 죄가 있음을 유적儒籍에 기록했다. 그러자 인조는 이에 분노해 허목에게 과거 응시 정지 처분을 내렸다. 그의 나이 32세 되던 해의 일이었다.

좌천과 낙향

그 후 인조 재위기간 내내 허목에게는 정치에 참여할 어떤 기회도 부여되지 않았다. 그가 처음으로 조정의 부름을 받은 것은 56세 되던 해 효종 1년(1650)이었다. 이 해에 그는 정릉 참봉(종9품)에 제수되었지만, 한 달 만에 사직했다. 이후 그는 효종의 조정에서 내시교관(종9품, 57세), 조지서 별좌(종5품, 62세), 공조 좌랑(정6품, 62세), 용궁 현감(종6품, 62세), 공조 정랑(정5품, 63세), 사헌부 지평(정5품, 63세, 64세), 부사직(종5품, 64세), 사헌부 장령(정4품, 65세)에 제수되었다. 현종 즉위 후에는 사헌부 부호군(정4품, 65세), 장악원 정(정3품, 65세), 사헌부 장령(65세), 상의원 정(정3품, 65세)에 제수되었다.

그러나 그의 평탄한 관직 생활은 오래가지 않았다. 사헌부 장령으로 재직하던 현종 1년(1660) 3월에 상소를 올려 1년 전인 기해년의 복제 결정을 반박한 것이 원인이었다. 원래 기해년 당시에는 인조의 계비 자의대비가 효종의 상에 입을 복제를 기년복(1년복)으로 결정한 바 있었다. 송시열을 위시한 서인들이 주도한 결정이었다. 그러자 허목은 기해년의 결정이 잘못되었다며 자의대비의 복제를 3년복으로 바로잡자고 주장했다. 결국, 기해년의 예송에서는 서인들의 주장이 채택되었고, 남인에 속했던 허목은 외직인 삼척부사(종3품)로 좌천되었다.

허목은 66세에 맡은 삼척 부사직을 성실히 수행했다. 그는 삼척에 부임하자 곧바로 향약鄕約을 시행해 그 지역의 풍속을 교정했고, 해일과 재난으로 흉흉해진 민심을 수습하기 위해 척주동해비陟州東海碑를 건립했다. 부사직에서 물러나기 직전에는 자신의 경험을 바탕으로 삼척의 풍물과 제도를 기록한《척주지陟州誌》를 편찬하기도 했다. 그러나 그의 부사직 수행은 22개월 만에 중단되었다. 새로 부임한 관찰사에게 의례적으로 공물을 바치던 도계 진상到界進上을 거부했기 때문이었다. 이후 그는 연천漣川으로 낙향해 10여 년간 독서와 저술로 일상을 보냈다. 그의 문집인《기언記言》의 서문을 완성한 것도 이 시절(73세)이었다. 그가 그의 문집을 남달리 '기언'이라고 명명한 것은 말을 하면 반드시 써놓고 날마다 반성하고 힘쓰겠다는 각오를 다지려 했기 때문이었다.

군주민수론

낙향해 노년을 보내던 허목은 현종 15년(1674)에 갑인예송이 시작되자 다시 남인의 입장을 대변했다. 효종 비 인선왕후를 위해 자의대비가 입을 상복의 종류를 둘러싼 이때의 논쟁에서 서인들은 대공복(9개월복)을 주장했고, 허목과 남인들은 기년복을 주장했다. 기해예송 때는 서인이 승리했지만, 이번에는 현종의 지지를 받은 남인의 주장이 채택되었다. 그 결과 갑인예송 직후 승하한 현종에 이어 숙종이 14세의 나이로 보위를 잇는 혼란한 정국 속에서 남인이 정국을 주도하게 되었다.

남인 정권이 수립된 직후 허목은 사헌부 대사헌(종2품)에 임명되었다. 그의 나이 80세 때의 일이었다. 이때 숙종은 그를 불러들이며 이렇게 말했다. "오늘 경을 보니 비록 연로하지만, 근력은 쇠약하지 않으니 사퇴하지 말고 나를 도우라." 어린 나이에 즉위한 임금으로서 남인 영수의 전폭적 지지가 필요했음을 우회적으로 표현한 말이었다. 실제로 숙종은 그를 붙잡아 두기 위해 다음 해에는 81세의 그에게 이조 참판(종2품), 의정부 우참찬(정2품), 의정부 좌참찬(정2품), 이조 판서(정2품), 의정부 우의정(정1품) 등의 직책을 연이어 맡겼다.

숙종은 나이는 어렸지만, 꽤 당당한 임금이었다. 숙종은 재위 1년(1675) 11월에 '주수도설舟水圖說'을 지어 신하들을 훈계했다. 배와 물의 비유는 《순자》 '왕제王制' 편에 다음과 같이 나온다. "임금은 배요, 서민은 물이다. 물은 배를 띄우기도 하지만 배를 뒤집어엎기도 한다[君者舟也 庶人者水也 水則載舟 水則覆舟]." 허목도 숙종의 의지에 부응해 '주수도설'을 해설하며, 그 말미에 다음과 같은 말을 덧붙였다. "임금은 배와 같고 백성은 물과 같아[君舟民水] 백성이 어지

文正公許穆八十二歲眞

허목 초상
허목은 고문을 좋아하고 자족하는 삶을 추구했다. 국립춘천박물관 소장.
(사진출처 문화재청 홈페이지)

러워지면 나라가 멸망하고 물이 출렁거리면 배가 뒤집힌다." 민심을 이해하지 못하는 군주는 결국 민중의 폭동으로 물러나게 될 것이라는 경고였다.

임금이 지켜야 할 세 가지, 입과 몸과 마음

허목은 82세 때에도 숙종에게 모범적인 임금이 되기 위해서는 세 가지를 지켜야 한다고 강조했다. 첫째는 입을 지키는 것[守口]이고, 둘째는 몸을 지키는 것[守身]이며, 셋째는 마음을 지키는 것[守心]이었다. 입을 지키면 망령된 말이 없게 되고, 몸을 지키면 망령된 행실이 없게 되고, 마음을 지키면 망령된 행동이 없게 된다는 것이다. 숙종에 대한 허목의 충고는 그 후에도 계속되었고, 숙종도 집까지 지어줄 정도로 허목을 극진하게 예우했다. 이때까지 임금이 신하에게 집을 하사한 경우는 세종 때 황희와 선조 때 이원익두 사람밖에 없었다. 허목은 새집이 완성되자 집의 이름을 '수고은거壽考恩居'라고 지었다. 그의 나이 84세 때의 일이었다.

그러나 숙종의 남인에 대한 비호와 지지는 오래가지 않았다. 숙종은 재위 6년(1680)에 영의정 허적許積이 왕실의 유악油幄을 임의로 가져다 썼다는 보고를 받고, "한명회도 못 하던 짓"이라고 대로하며 경신환국庚申換局을 단행해 남인들을 대거 숙청했다. 허목은이 사건이 불거지기 반년 전에 권력의 무상함을 다음과 같이 예견했다. "큰 권력이란 마치 용이 지나가는 곳과 같다. 반드시 뇌성벽

력하며 변화가 진탕하고 나무와 돌을 뽑고 산과 내를 움직인다. 권력이 떠나갈 때도 마찬가지인데, 그(허적)가 일찍이 두려워할 줄 모르니 애석한 일이다." 그의 예견처럼 허목 자신도 환국의 광풍을 비껴가진 못했다. 그해 5월에 그는 사헌부와 사간원의 탄핵을 받고 파직되었고, 그의 이름도 벼슬아치의 명부인 사판仕版에서 삭제되었다.

허목은 고문古文을 좋아했고, 자족自足하는 삶을 추구했다. 그는 평생 옛사람의 교훈에 따라 자신을 지키려 했지만, 그에게도 허물이 없을 수는 없었다. 그래서 그는 "말은 행동을 덮지 못했고, 행동은 말을 실천하지 못했다"며 스스로 책망했다. 병중에도 《주역》을 곁에 두고 누워서 읽던 미수眉叟 허목은 미수米壽(88세)를 맞은 1682년 4월 제자들에게 잘 있으라는 말을 남기고 파란만장한 생을 마감했다.

23

주자만 알고
나는 모를쏘냐,
윤휴 尹鑴

1617~1680

송시열의 맞수

숙종 1년 4월 25일 윤휴가 한성부 우윤(종2품)에 임명되었다. 이
날《숙종실록》기사에는 윤휴 외에 이옥李沃과 남천택南天澤이 각각
헌납과 장령으로 임명된 사실도 기록되어 있다. 이들 중 인물평이
함께 실린 것은 윤휴뿐이었다. 윤휴에 대한 사관의 평가는 다음과
같이 시작된다.

> 윤휴의 아버지 윤효전尹孝全은 광해군 때 위훈僞勳에 등록되어 벼
> 슬은 대사헌에 올랐고, 대북파大北派가 되었다. 윤휴는 어려서 아버
> 지를 여의었고, 병자년(1636)과 정축년(1637)의 난을 당한 뒤 호서湖
> 西에 우거하며 송시열·송준길·권시權諰·이유태李惟泰·윤선거尹宣

擧 등과 교유했고, 이이·성혼을 추존했다. 송시열 등은 그의 재주와 학문을 사랑해 나이를 잊고 사귀었다. 윤선거는 윤휴를 더욱 존중해 경국제세經國濟世의 인재로 인정했다. 그 뒤에 민정중閔鼎重이 그를 효종에게 천거하자 임금이 친히 만나보기를 청했고, 송시열 등은 그를 지평持平으로 삼고자 했다. _《숙종실록》, 1년 4월 25일

윤휴의 아버지 윤효전이 거짓 공훈으로 대사헌이 되었다는 기록을 제외하면, 윤휴에 대한 평가의 첫머리는 전반적으로 무난하다. 그러나 이것은 극적 반전을 위한 장치에 불과했다. 이어지는 긴 서술은 윤휴를 배반과 패륜의 화신으로 일관되게 몰고 갔다. 《숙종실록》에는 윤휴를 사문난적斯文亂賊으로 지목한 송시열과 노론의 입장이 반영되었기 때문이다. 그런데 뒤집어 보면 이것은 그만큼 윤휴가 송시열의 강력한 맞수였다는 사실을 반증하는 것이다.

아버지의 빈자리

윤휴의 아버지 윤효전이 북인 정권의 실세였던 것은 사실이다. 그는 광해군 5년(1613)에 임해군臨海君을 제거하는 데 공을 세워 익사공신翼社功臣에 책봉되었고, 대사헌을 지냈다. 그러나 그는 대사헌 재직 중 인목대비의 서궁西宮 유폐를 반대하다가 이이첨李爾瞻, 정인홍 등과 갈등을 빚어 광해군 9년(1617)에 경주 부윤으로 밀려

났다. 윤효전이 경주에 부임한 것이 그해 2월이었고, 윤휴는 그해 10월 그곳 관아에서 태어났다.

그러나 윤휴는 평생 아버지의 사랑과 가르침을 제대로 받지 못하고 자랐다. 그가 세 살 때(1619) 아버지가 임지에서 별세했기 때문이다. 대신에 윤휴에게 극진한 사랑을 베푼 사람은 외조부 김덕민金德民이었다. 김덕민은 외손자를 데리고 달구경을 하며 시를 짓게 한 적이 있었다. 그러자 윤휴는 해와 달을 임금과 신하에 비유할 수 있냐고 묻고는 그렇다는 대답을 듣자마자 즉석에서 다음과 같은 시를 지었다. 그가 10세 때의 일이었다.

달이 동산 위에 떠 오르니
月出東山上

온 나라가 같은 색일세.
萬國同一色.

자고로 명군明君과 양신良臣이 만나면
自古明良遇

환한 빛 마땅히 이와 같으리.
光輝應如斯.

_《白湖全書》, 附錄2, 行狀

윤휴는 어린 나이에 시도 잘 지었지만, 학문적으로도 무척 조숙

백호 윤휴 초상
조선의 개혁가 윤휴는 제1차 예송 논쟁 때 허목, 윤선도 등과 함께 효종이 왕위를 계승했으므로 장남으로 봐야 한다며 3년설을 주장, 서인과 갈등하였다. 송시열의 예론을 반박, 서인 정권의 전복을 꾀하자 송시열과 원수가 되었고 사문난적으로 몰렸다.

했다. 그는 12세 때 외조부에게 《황극경세서皇極經世書》를 가르쳐 달라고 조른 적이 있었다. 그러자 그의 외조부는 "세상에는 이 글을 해독하는 사람이 없으며, 어린아이가 배울 만한 것이 아니다"라며 말렸다. 북송北宋의 성리학자 소옹邵雍이 지은 《황극경세서》는 성리학 우주론의 진수로 꼽히는 매우 난해한 책이었기 때문이다. 그러나 윤휴는 포기하지 않았다. 그는 남몰래 《황극경세서》를 읽고서 10여 일 뒤에 모르는 부분을 외조부에게 다시 물었다. 외조부가 제대로 답변하지 못한 것은 물론이었다.

아버지를 위한 신원

윤휴가 아버지의 억울함을 풀기 위해[伸冤] 상소를 올린 것도 이 무렵이었다. 그의 아버지 윤효전은 대사헌으로 있을 때 이덕온李德溫이라는 사람을 파면시킨 일이 있었다. 그 뒤 인조반정으로 정권이 바뀌자 이덕온이 상소를 올려 죽은 윤효전의 생시 관작을 삭탈했다. 이유는 인목왕후(선조의 계비)의 의인왕후(선조 비) 저주 사건에 대해 윤효전이 대사헌으로서 사태를 공정하게 처리하지 않았다는 것이었다. 어린 윤휴는 아버지가 죽고 가세가 기울자 음해를 받게 된 것이라고 믿었다. 그래서 그는 아버지의 억울함을 풀기 위해 죽음을 무릅쓰고 상소를 올렸다. 상소의 핵심은 사건 당시 다른 대신들도 참여했는데, 벌을 받은 것은 자신의 아비뿐이라는 것이었다. 벌을 주려면 모두에게 똑같이 주어야 한다는 당돌한 주장도 이어졌다. 결국, 윤휴의 상소로 윤효전의 관작이 회복되었다. 인조 7년 (1629) 그의 나이 13세 때 일이었다.

윤휴는 20세 때 생애 두 번째 상소문을 썼다. 인조 14년(1636) 구언求言의 유지에 따라 작성한 만언소萬言疏였다. 이때 후금은 국호를 청淸으로 고치고 언제라도 압록강을 건널 듯한 기세였지만, 조선 조정은 여전히 강화도를 마지막 보루로 간주하고 있었다. 정묘호란(1627) 때의 교훈을 전혀 되새기지 못했던 것이다. 반면에 윤휴는 강화도는 안전지대가 될 수 없다고 판단하고, 평안도와 황해도 지역의 요충지대를 거점으로 전 국토를 방어할 계획을 세워야 한다고 주장했다. 그러나 이 상소는 결국 올리지 못했다. 윤휴의 어머니가 "어린 나이에 학문하는 방도는 말을 삼가는 데 있으니 국가의 중대사를 함부로 논하지 말라"고 타일렀기 때문이다.

실천을 위한 공부

예견되었던 병자호란이 발발하자 인조와 조정은 강화도행을 포기하고 남한산성으로 몽진했다. 청군의 빠른 진군 속도로 시간이 부족해지자 강화도보다 가까운 남한산성을 선택했던 것이다. 그러나 결국 인조는 다음 해인 정축년(1637) 1월 30일 한 달 보름간의 농성 끝에 항복을 결심하고 남한산성에서 나와 삼배구고두례三拜九叩頭禮를 치렀다. 윤휴는 이 굴욕의 소식을 남한산성에서 나온 송시열로부터 속리산 복천사福泉寺 앞에서 듣고는 서로 손을 부여잡고 통곡했다. 이때부터 윤휴는 과거에 응시하지 않기로 결심하고 독서에 열중했다. 윤휴는《독서기讀書記》의 서문에서 학자의 공부 방법을 이렇게 정리했다.

> 학자가 글을 읽으면서 생각하지 않을 수 없다. 생각하면 얻을 수 있고 생각하지 않으면 얻을 수 없다. 생각이 있으면 기록하지 않을 수 없다. 기록하면 남게 되고 기록하지 않으면 없어진다. 생각해 기록하고 또 생각해 궁리하면 식견과 사려가 자라나서 언행이 통달해진다.
>
> _《白湖全書》, 卷24, 讀書記序

윤휴는 공부할 때 이론보다는 실천에 역점을 두었다. 그는 세상의 학자들이 문장만 잘하고 실제 공부가 부족한 것을 병폐로 여겼다. 그는 이 점을 안타까워하며 이렇게 말했다.

> 옛사람에게는 문답하는 도리가 있었다. 옛사람이 묻는 것은 행하려는 것이었는데, 오늘날 묻는 것은 알려는 것이다. 예컨대 공자의 문인들이 인仁을 물은 것은 인을 실천하는 방법을 알려는 것이었지만, 후세에 인을 묻는 것은 단지 인이라는 글자의 뜻을 알려는 것이다. 마땅히 이 점을 경계해야 한다. _《白湖全書》, 附錄2, 行狀

윤휴의 공부가 깊어질수록 명성도 자자해졌고, 그에 따라 그는 권시, 윤문거尹文擧, 윤선거뿐만 아니라 훗날 정적으로 변한 송시열, 송준길, 이유태 등과도 폭넓게 교류했다. 송시열은 충북 보은 삼산三山에서 20세의 윤휴를 만나 3일간 토론한 적이 있었다. 그러고 나서 송준길에게 편지를 보내 "우리들의 30년 독서는 가소로운 것"이라고 자탄했다. 송시열 측에선 받아들이기 어렵겠지만, 윤휴 연보엔 그렇게 기록되어 있다.

베옷 벗고 정치참여

윤휴의 명성이 높아지자 효종도 민정중의 건의에 따라 그를 세자시강원 자의(정7품)로 불러들였다. 그러나 윤휴는 나이 40세에 받은 첫 관직을 과감히 사양했다. 그 뒤로도 윤휴는 종부시 주부(종6품), 공조 좌랑(정6품), 세자시강원 진선(정4품) 등 그에게 부여된 모든 직책을 거절했다. 현종 즉위년(1659)에는 송시열이 43세의 윤휴를 사헌부 지평(정5품)으로 천거했지만, 역시 받아들이지 않았다. 이때는 이미 기해예송이 시작되어 서인이 정국의 주도권을 장악하고 있었기 때문에 더욱 부임하기 어려운 상황이었다.

윤휴는 벼슬을 사양하는 상소를 올릴 때 자신을 '포의신布衣臣'이라고 칭했다. '포의신'이란 말 그대로 벼슬 없는 신하란 뜻이지만, 그것은 그의 삶의 지향점이기도 했다. 그러나 그런 그도 언제까지 베옷 입은 선비로 남아 있을 수는 없었다. 현종 15년(1674) 운남雲南의 오삼계吳三桂, 광동廣東의 상지신尙之信, 복건福建의 경정충耿精

忠이 반란을 일으켰다는 소식이 들려온 것이다. 윤휴는 삼번三藩의 난을 북벌 실현의 최대 호기로 판단했다. 때마침 이 해 발생한 갑인예송에서 남인이 승리하자, 윤휴는 북벌을 주장하는 '대의소大義疏'를 밀봉해서 올렸다.

이후 윤휴는 본격적으로 벼슬길에 올라 숙종 1년(1675)에 성균관 사업(정4품)에 임명된 것을 시작으로 승정원 동부승지(정3품), 이조 참의(정3품), 한성부 우윤(종2품), 사헌부 대사헌(종2품), 의정부 우참찬(정2품), 이조 판서(정2품) 등에 거듭 제수되었다. 그의 나이 59세 때였다. 윤휴는 그 후에도 사헌부 대사헌과 의정부 좌우참찬으로 여러 차례 기용되었고, 숙종 5년(1679)에는 의정부 우찬성(종1품)에 임명되었다.

자전을 조관하라

그러나 남인 정권은 오래가지 못했다. 숙종 6년(1680) 경신환국으로 서인이 다시 집권하게 되자 윤휴의 모든 학문과 행적이 비판의 대상이 되었다. 학문적으로는 윤휴가 28세 때 쓴《중용설中庸說》이 화근이었다. 윤휴에게는《중용》해석이 주희의 전유물일 수 없었지만, 정통 주자학을 고집하는 서인에게 윤휴의 일탈은 좋은 공격 대상이 되었다. 윤휴가 숙종에게 자전慈殿을 '조관照管'하라고 충고한 것도 문제가 되었다. 숙종 1년 3월 명성왕후가 어린 임금을 보호하려고 정사에 깊숙이 개입했을 때의 일이었다. 당시 윤휴가 말한 '조관'이란 어머니의 뜻을 잘 살펴 관리하라는 뜻이었지만, 서인들은 이 말을 임금에게 불효를 강요하는 패륜적 언사로 몰고 갔다. 또 이 해 9월에는 윤휴가 북벌 추진 기구로 체부體府를 설치하자고 주장했지만, 서인들은 그가 부체찰사가 되어 역적모의에 가담했다고 의심했다.

결국, 윤휴는 숙종 6년 4월 함경도 갑산甲山에 유배되었다가 다시 서울로 압송된 후 5월 20일 사약을 받았다. 사약을 받기 전 그는 자식들에게 글을 남기기 위해 도사都事에게 필묵을 요청했지만 그마저 허용되지 않았다. 평소 주량이 센 윤휴는 사약만으로는 목숨이 끊어지지 않을 것 같았기 때문에 소주를 청해 마신 후 사약을 들고 운명했다. 그로부터 나흘 뒤 5월 24일 숙종은 송시열을 방면放免했다. 정치란 그렇게 비정한 것이다.

24

붕당을 조정하고
탕평을 논하다,
박세채朴世采

1631~1695

흙수저가 된 금수저

좌의정 박세채는 한 시대의 중망重望을 짊어진 사림의 영수였다. 평
생의 언행은 반드시 예법을 따랐고, 재상의 지위에 오르자 정색正色
을 하고 입조立朝했다. 그가 경연이나 장주章奏를 통해 간절히 아뢴
것은 모두 속마음에서 우러나지 않은 것이 없었다.

_《숙종실록》, 21년 2월 5일

당론이 생기자 세상의 학자 중엔 편당하지 않는 자가 드물었는데,
박세채만 홀로 의리를 주장하며 편을 가르지 않았다[無適莫]. 송시열
과 윤증 두 가문이 다투자 선비들도 분열되었지만, 박세채는 은혜와

의리를 헤아려 정론을 드러냈다. _《숙종실록보궐정오》, 숙종 21년 2월 5일

첫 번째 글은 박세채의 부음을 듣고 숙종이 내린 전교의 일부로 《숙종실록》 '박세채 졸기'에 수록되어 있다. 두 번째 글은 《숙종실록보궐정오》에 실린 '박세채 졸기'의 일부다. 《숙종실록》과 《숙종실록보궐정오》는 각각 노론과 소론의 입장을 반영하고 있지만, 두 기록 모두 소론에 속했던 박세채에 대해서 호의적인 평가를 남겼다. 두 기록에서 극명하게 엇갈린 평가를 받았던 송시열의 경우와 비교하면 그 차이가 확연하다. 예송과 환국으로 점철된 시대에 탕평론을 선도했던 그의 삶을 존중한 결과였다.

박세채는 인조 9년(1631) 서울 창동倉洞의 외가에서 태어났다. 할아버지는 의정부 우참찬(정2품)을 지낸 박동량朴東亮이었고, 외할아버지는 영의정(정1품)을 지낸 신흠申欽이었으니, 시쳇말로 금수저를 물고 태어난 셈이다. 그러나 그의 유년기는 그리 순탄하지 못했다. 그는 태어나자 곧바로 할아버지의 명에 따라 21세에 요절한 숙부 박유朴濰(1606~1626)의 양자로 입적되었고, 그 때문에 집을 떠나 홀로 된 숙모 조趙 씨의 양육을 받으며 자랐다. 5세 때는 할아버지와 생모를 연달아 잃었고, 14세 때는 생부 박의朴潏를 또다시 여의고 말았다. 게다가 이때는 형 박세래朴世來마저 이미 요절한 상태라 그는 다시 본가로 돌아와 생부의 대를 이어야 했다.

가학을 지키며

가문의 대를 잇기 위해 양부와 생부 사이를 오가는 동안 박세채는 주로 가학家學에 의존해 학문의 기초를 닦았다. 9세 때는 양외할아버지 조위한趙緯韓의 집에 드나들며 수업했고, 11세 때는 생부로부터 이이의 《격몽요결》,《성학집요》,《율곡집》 등을 배우며 학문의 방향을 잡아나갔다. 12세 때부터는 한당漢唐의 시·사·전기詩史傳記 등을 두루 읽었고, 15세 때부터는 원로 학자들도 애를 먹는 어려운 글들을 막힘없이 해석할 수 있게 되었다.

특별한 스승을 두지 않고 공부하던 박세채는 17세 때 처음으로 생원·진사 초시에 합격했고, 18세 때 진사 회시에 합격했다. 19세 때는 때마침 상경한 예학의 거두 김집을 찾아가 토론을 벌였고, 20세 때는 김상헌에게 편지를 보내 만나기를 청하기도 했다. 이때 김상헌은 박세채의 편지를 읽고 손자들에게 "너희들이 따라잡을 수 있는 사람이 아니다"라며 극찬했다. 박세채가 김집과 김상헌을 찾았던 것은 가학으로만 익혔던 이이의 학풍을 당대의 대학자들로부터 직접 전수하려는 의지의 발로였다.

박세채는 20세 때 조야朝野를 들썩였던 당쟁의 소용돌이에 휘말리기도 했다. 사태는 효종 즉위년(1649) 11월에 서인 유생들이 이이와 성혼의 문묘 종사를 청원하면서 시작되었다. 효종 1년 2월에는 이에 반발한 류직柳稷 등 남인 유생 900명이 반대 상소를 올리면서 사건이 증폭되었다. 그러자 서인들은 문묘 종사 반대를 주도

박세채 영정
박세채는 임금이 표준이 되어 붕당을 억제해야 한다는 황극탕평론을 주장했다. 경기도 박물관
소장. (사진출처 문화재청 홈페이지)

한 류직에게 삭적削籍과 부황付黃 처벌을 내렸다. 삭적은 유생 명부에서 이름을 삭제하는 것이고, 부황은 탄핵할 사람의 이름을 노란 종이에 써서 북에 붙이고, 그 북을 치며 시가를 돌면서 죄상을 알리던 처벌이었다. 유생의 명예가 걸린 중벌에 남인 유생들이 성균관을 비우며 반발하자, 효종은 류직에게 내린 부황 처벌을 사면했다. 이때 20세의 성균관 유생 박세채가 상소를 올려 이이 및 성혼의 문묘 종사 청원과 함께 류직에게 내린 부황 처벌의 당위성을 거론했다. 그러나 결국 상소가 받아들여지지 않자 박세채는 과거를 포기하고 학문에 전념하기로 했다.

요동하는 정국을 관망하다

박세채가 학문에 전념하던 기간에도 효종과 현종은 그를 세자익위사 세마(정9품, 29세) 종부시 주부(종6품, 35세), 공조 좌랑(정6품, 36세), 세자익위사 사어(종5품, 36세), 충청도사(종5품, 37세), 세자시강원 진선(정4품, 38세), 사헌부 장령(정4품, 39세·43세) 등으로 불렀다. 그러나 그는 모두 사양하고 부임하지 않았다. 그의 나이 29세 때 발생한 기해예송으로 서인이 집권했지만, 그는 서인 정권에 가담하지 않고 학문에 침잠하며 정국을 관망했다.

그러나 결국 그도 정쟁의 칼날을 비껴가지 못했다. 그가 정쟁에 휘말리게 된 계기는 그의 나이 41세 때 발생한 민신閔愼 대복代服 사건이었다. 이 사건은 현종 12년(1671) 민신이 할아버지 민업閔業

의 상에 아버지 민세익閔世益을 대신해 참최斬衰 3년복을 입으면서
불거졌다. 원래는 민세익이 참최 3년복을 입어야 했지만, 민세익에
게 정신질환이 있어 손자인 민신이 아버지를 대신해 참최 3년복을
입었다. 이때 박세채는 송시열과 상의해 민신의 대복을 정당한 것
으로 판정했다. 그런데 현종 14년(1673) 송시열과 대립각을 세웠던
현종의 장인 김우명金佑明이 박세채와 송시열을 공격했고, 다음 해
발생한 갑인예송으로 남인이 집권하면서 박세채에게도 사판仕版
삭제의 처분이 내려졌다. 사판은 벼슬아치의 명부였으니 사판 삭
제는 일종의 정치적 단죄였다.

　박세채의 정치적 복권 기회는 숙종 6년(1680)에 찾아왔다. 남인
의 비호 아래 14세의 나이로 즉위한 숙종이 성년을 맞아 경신환국
을 단행하던 때였다. 환국은 특정 정치세력의 독주를 제어하기 위
해 국왕 주도로 집권 세력을 교체해 정국을 전환하던 방식이었다.
이때 숙종은 남인 세력의 영향력을 견제하기 위해 서인을 대거 등
용하기 시작했다. 이 해에 숙종은 50세가 된 박세채를 성균관 사업
(정4품), 제용감 정(정3품), 사헌부 집의(정3품)로 불러들였지만, 모두
응하지 않았다. 숙종은 다음 해에도 그에게 성균관 사업과 사헌부
집의를 다시 제안했지만, 역시 받아들이지 않았다. 그는 정국의 변
화에 경솔히 대응하지 않고 사태의 추이를 조심스럽게 살폈다.

갈등의 중재자

박세채의 심경에 변화가 나타나기 시작한 것은 숙종 8년(1682) 이었다. 이때부터 숙종이 박세채에게 승정원 동부승지(정3품)와 이조 참의(정3품) 등 당상관직을 제수하자, 그는 다음 해에 이조 참의 직을 수락하고 취임했다. 송시열과 윤증 가문의 불화로 시작된 회니시비懷尼是非가 결국 집권 서인을 노론과 소론으로 분열시키자, 두 사람과 두루 가까운 박세채가 갈등 조정의 적격자로 부각되었고, 박세채도 그 역할을 자임했다.

회니시비란 송시열이 살던 회덕懷德과 윤증이 살던 이산尼山의 첫 자를 따서 붙인 이름이다. 시비는 윤선거 사망 후에 그의 아들 윤증이 송시열에게 아버지의 묘갈문墓碣文을 부탁하면서 불거기지 시작했다. 당시 송시열은 윤선거에 대한 자신의 특별한 평가를 덧붙이지 않은 채 박세채가 먼저 지은 행장을 기초로 성의 없이 묘갈문을 지어 보냈다. 이에 불만을 품은 윤증이 여러 차례 수정을 요구하자, 송시열은 매번 자구字句만 손질해서 돌려보냈다. 송시열의 무성의는 윤선거가 사문난적인 윤휴와 절교하지 않았다는 의심에서 비롯된 것이었다. 반면 윤증의 요구는 송시열과 아버지 윤선거 사이에 정치적 견해 차이가 있다면 그 점을 분명히 밝혀달라는 것이었다.

박세채는 숙종 9년(1683) 2월에 이조 참의를 맡은 직후 곧바로 5월에 송시열과 윤증의 갈등 중재를 위해 두 사람을 함께 조정에 불러들이자고 건의했다. 그가 탕평책蕩平策이 담긴 '시무만언소時務萬言疏'를 지은 것도 그때였다. 그러나 윤증은 박세채의 중재안에 반대했다. 자신이 조정에 나간다고 해서 송시열의 세력을 제어하기는 어렵다는 판단 때문이었다. 결국, 박세채는 자신의 중재자 역할에 한계를 느끼고 그해 자신에게 내려진 공조 참판(종2품) 사헌부 대사헌(종2품), 호조 참판 등의 직책을 모두 사양했다. 대신에 그는 그해 12월 호조 참판직을 사양하면서, 궁궐을 멋대로 출입한 무녀巫女 막례莫禮를 처벌할 것을 요구했다. 박세채의 보고에 따르면, 막례는 임금의 수두水痘를 치료한다는 핑계로 궁궐에 교자轎子를 타고 출입하며 술법術法을 시행해 막대한 재물을 취했다는 것이다. 이에 숙종은 박세채가 아는 것은 반드시 말하지 않는 것이 없다며 그의 충정을 가상히 여겼다.

황극탕평의 조건

박세채가 숙종 9년에 지었던 '시무만언소'를 실제로 제출한 것은 숙종 14년(1688) 6월이었다. 그해 5월에 숙종이 내린 이조 판서(정2품)직을 사양하며 전에 지어두었던 것을 다시 올린 것이다. 이 상소문에는 국정 전반의 개혁 방안이 논의되어 있지만, 그 핵심은 황극탕평론皇極蕩平論이었다. 황극탕평이란 임금[皇]이 표준[極]이되어 붕당을 억제[蕩平]해야 한다는 주장이다. 임금이 표준이 되기위해서는 임금 스스로 공명정대한 모범을 보여야 한다. 그래서 박세채는 이 해 7월에 장희빈 측과 가까운 동평군東平君 이항李杭을 혜민서惠民署 제조提調로 임명한 숙종의 부당한 처사를 지적했다. 그러나 이 일로 박세채는 숙종으로부터 "유현儒賢으로 대우하지 않을 것이니, 그의 소차疏箚도 받아들이지 말라"라는 경고를 받고 말았다. 그리고 이 해 10월에 희빈 장씨가 왕자 윤昀(경종)을 출산하고 다음 해 기사환국이 발생해 서인들이 대거 숙청되면서 박세채도 한동안 침묵의 세월을 보내야 했다.

숙종 20년(1694) 갑술환국甲戌換局으로 다시 남인이 몰락하고 서인이 집권하자 박세채도 의정부 우참찬과 좌의정(정1품)에 제수되었다. 무수리 출신 숙원 최씨가 왕자 금昑(영조)을 출산해 숙종의 총애를 받던 시절이었다. 이때도 박세채는 상소를 올려 임금이 중심이 되는 황극탕평론을 건의했다. 숙종도 박세채의 건의를 받아들여 그에게 붕당을 경계하는 교서를 짓게 했다. 그리고 이듬해 사망한 박세채는 탕평 군주 영조에 의해 그의 재위 40년(1764)에 노론의 반대를 무릅쓰고 내린 특별 명령으로 문묘에 종사되었다.

임금의 권력은 변덕스러운 것이다. 박세채도 그것을 경험했다. 게다가 왕권에 의한 인위적 탕평은 당파 간의 정책 경쟁을 봉쇄할 수 있다. 결국, 왕권이 주도하는 탕평과 당파 간의 경쟁이 모두 실종된 정치 공간에서는 집권당의 독재만 남게 된다. 탕평의 아이콘 정조가 사망한 후 등장한 세도정치가 그것을 입증한다.

인명